近代名人文库精粹

文库精粹

蔡锷 黄遵宪

蔡锷 黄遵宪⊙著

陕西新华出版
太白文艺出版社·西安

图书在版编目（CIP）数据

近代名人文库精粹. 蔡锷　黄遵宪 / 刘东主编；蔡锷，黄遵宪著. -- 西安：太白文艺出版社，2017.10（2024.5 重印）

ISBN 978-7-5513-1115-1

Ⅰ. ①近… Ⅱ. ①刘… ②蔡… ③黄… Ⅲ. ①蔡锷（1882-1916）—文集②黄遵宪（1848-1905）—文集 Ⅳ. ①Z425

中国版本图书馆CIP数据核字(2017)第236228号

近代名人文库精粹：蔡锷　黄遵宪
JINDAI MINGREN WENKU JINGCUI：CAI E　HUANG ZUNXIAN

著　者	蔡　锷　黄遵宪
主　编	刘　东
责任编辑	荆红娟　姚亚丽
封面设计	揽胜视觉
版式设计	刘兴福
出版发行	太白文艺出版社
经　销	新华书店
印　刷	三河市嵩川印刷有限公司
开　本	700mm×960mm　1/16
字　数	200千字
印　张	13
版　次	2017年10月第1版
印　次	2024年5月第2次印刷
书　号	ISBN 978-7-5513-1115-1
定　价	49.80元

版权所有　翻印必究

如有印装质量问题，可寄出版社印制部调换

联系电话：029-81206800

出版社地址：西安市曲江新区登高路1388号（邮编：710061）

营销中心电话：029-87277748　029-87217872

目录 Contents

蔡锷

诗歌

杂感十首 ·· 3

电文

致袁世凯电 ·· 5
为申讨袁世凯致各省通电 ·································· 6
致四川陈宧将军电 ·· 7
滇黔护国军总司令致各省都督、将军、巡按使、护军使、镇守使、
　师旅长电 ·· 8
敦促各省举义之通电 ······································· 9
声讨袁逆之通电 ·· 11
声讨袁逆并宣布政见之通电 ······························· 13
致华侨之通电 ·· 15
致驻外国各公使通电 ······································· 16
云南起义告滇中父老文 ···································· 17
护国军出师誓告国人文 ···································· 19
致北方各师旅团营长函 ···································· 20
致河内总督函 ·· 22
复北京统率办事处电 ······································· 23

致华侨筹饷助义电 ··· 24
敦请柏烈武君为南洋筹款总代表电 ··················· 25
复徐州张融电 ·· 26
复陈宦函 ·· 27
致陈宦电 ·· 28
复陆荣廷、梁启超电 ··· 29
复陈宦电 ·· 30
致戴戡电 ·· 31
致唐继尧、刘显世、戴戡电 ······························ 32
复戴戡电 ·· 33
致众议院陈敬民、籍亮侪电 ······························ 34
致成都殷承𤩽电 ·· 35
复政事堂统宰办事处电 ····································· 36

杂 文

冶兵语录按语 ·· 37
在蒙自军政警各界欢迎会上的演说 ··················· 44
在蒙自绅商学各界欢迎会上的演说 ··················· 46
在个旧各界欢迎会上的演说 ······························ 48
护国岩铭并序 ·· 50

文章书信

秦始皇功罪论 ·· 51
致湖南士绅书 ·· 52
军国民篇 ·· 56
近世列国之军备 ·· 66
军事计划 ·· 72
护国军政府布告 ·· 104
致梁启超书 ·· 109
再告全国同胞书 ·· 110
告别蜀中父老文 ·· 112

致梁启超书	113
《盾鼻集》序	114
祭黄兴文	115
挽黄兴联	116

黄遵宪

人境庐诗草卷一

感怀	119
乙丑十一月避乱大埔三河虚	120
拔自贼中述所闻	120
潮州行	121
喜闻恪靖伯左公至官军收复嘉应贼尽灭	121
乱后归家	122
送女弟	122
二十初度	123
游丰湖	123
长子履端生	124
杂感	124
哭张心谷士驹三首	125
山歌	126
生女	126
庚午六月重到丰湖志感	127
游潘园感赋	127
香港感怀十首	127
寓汕头旅馆感怀寄梁诗五居实	128
将至潮州又寄诗五	128
铁汉楼歌	129
和周朗山琨见赠之作	129
寄和周朗山	130

春夜怀萧兰谷光泰	130
闻诗五妇病甚	131
怀诗五	131
为诗五悼亡作	131
庚午中秋夜始识罗少珊文仲于矮屋中遂偕诗五共登明远楼看月少珊有诗作此追和时癸酉孟秋也	132
羊城感赋六首	133

人境庐诗草卷二

寄四弟	134
人境庐杂诗	134
将应廷试感怀	135
出门	135
由轮舟抵天津作	136
水滨	136
武清道中作	136
早行	137
慷慨	137
月夜	137
代柬寄诗五兰谷并问诸友	138
狂歌示胡二晓岑曦	138
重九日雨独游醉中作	138
别赖云芝同年鹄年	139
为萧少尉步青作	140
乌之珠歌	140
田横岛	141
和钟西耘庶常德祥津门感怀诗	141
福州大水行同张樵野丈荫桓龚霭人丈易图作	142
将应顺天试仍用前韵呈霭人樵野丈	143
述怀再呈霭人樵野丈	143
大狱四首	144

别张简唐思敬并示陈绛尚元焯	145
三十初度	145
将之日本题半身写真寄诸友	146
又寄内子	146

人境庐诗草卷三

由上海启行至长崎	147
西乡星歌	147
石川鸿斋英偕僧来谒张副使误谓为僧鸿斋作诗自辩余赋此为解嘲	148
不忍池晚游诗	149
宫本鸭北以旧题长华园诗索和	150
樱花歌	150
陆军官学校开校礼成赋呈有栖川炽仁亲王	151
都踊歌	152
庚辰四月重野成斋安绎岩谷六一修日下部东作鸣鹤蒲生䌷斋重章冈鹿门千仞诸君子约游后乐园园即源光国旧藩邸感而赋此	152
送宍户玑公使之燕京	153
大阪	153
游箱根	153
宫本鸭北索题晃山图即用卷中小野湖山诗韵	154
送秋月古香种树归隐日向故封即用其留别诗韵	155
近世爱国志士歌	155
赤穗四十七义士歌	156
罢美国留学生感赋	157
徐晋斋观察寿朋吴翰涛贰尹广霈随使美洲道出日本余饮之金寿楼翰涛即席有诗和韵以赠	158
流求歌	158

人境庐诗草卷四

| 奉命为美国三富兰西士果总领事留别日本诸君子 | 160 |
| 为佐野雪津常民题觚亭 | 161 |

海行杂感	161
逐客篇	162
纪事	163
冯将军歌	165
九姓渔船曲	165
感怀	166

人境庐诗草卷五

八月十五夜太平洋舟中望月作歌	167
归过日本志感	167
舟中骤雨	168
到香港	168
到广州	168
肇庆舟中	169
将至梧州志痛	169
游七星岩	169
夜宿潮州城下	170
夜泊	170
远归	170
乡人以余远归争来询问赋此志感	171
今夕	171
春夜招乡人饮	171
小女	172
即事	173
下水船歌	173
闭关	173
春暮偶游归饮人境庐	174
拜曾祖母李太夫人墓	174
遣闷	175
寒食	176
夜饮	176

日本国志书成志感 ……………………………………… 176
十月十九日至沪初随何大臣如璋使日本即于是日由上海东渡今十二年矣 …… 177
由潮州溯流而上驶风舟行甚疾 ……………………… 177
夜泊高陂其地多竹 …………………………………… 177

人境庐诗草卷六

自香港登舟感怀 ……………………………………… 178
过安南西贡有感 ……………………………………… 178
锡兰岛卧佛 …………………………………………… 179
温则宫朝会 …………………………………………… 182
重雾 …………………………………………………… 182
伦敦大雾行 …………………………………………… 182
在伦敦写真志感 ……………………………………… 183
得梁诗五书 …………………………………………… 183
今别离 ………………………………………………… 183
忆胡晓岑 ……………………………………………… 184
感事三首 ……………………………………………… 185
寄怀左子兴领事秉隆 ………………………………… 186
送承伯纯厚吏部东归 ………………………………… 186
岁暮怀人诗 …………………………………………… 186
春游词 ………………………………………………… 189
郁郁 …………………………………………………… 189
登巴黎铁塔 …………………………………………… 189
苏伊士河 ……………………………………………… 190
九月十一夜渡苏伊士河 ……………………………… 190
舟泊波塞是夕大雨盖六月不雨矣 …………………… 190

人境庐诗草卷七

夜登近海楼 …………………………………………… 191
续怀人诗 ……………………………………………… 191
新嘉坡杂诗十二首 …………………………………… 192

以莲菊桃杂供一瓶作歌 …………………………………… 193
眼前 …………………………………………………………… 194
寓章园养疴 …………………………………………………… 194
番客篇 ………………………………………………………… 195
养疴杂诗 ……………………………………………………… 197

蔡锷

作者简介

蔡锷（1882—1916）　民国初年讨袁护国军将领。湖南邵阳人。1898年入长沙时务学堂，师事梁启超、谭嗣同等。1899年赴日，曾入陆军成城、士官两校学习军事。辛亥革命时为云南新军总指挥。1915年因反对袁世凯复辟帝制，宣布云南独立，发动"护国运动"。1916年病逝于日本。

诗 歌

蔡锷

杂感十首

（一九〇〇年十月）

拳军猛焰逼天高，灭祀由来不用刀。
汉种无人创新国，致将庞鹿向西逃。

前后谭唐殉公义，国民终古哭浏阳。
湖湘人杰销沉未，敢谕吾华尚足匡。

圣躬西狩北廷倾，解骨忠臣解甲兵。
忠孝国人奴隶籍，不堪回首瞩神京。

归心荡漾逐云飞，怪石苍凉草色肥。
万里鲸涛连碧落，杜鹃啼血闹斜晖。

卅年旧剧今重演，千八百六十年，
千载湘波长此逝，秋风愁杀屈灵均。

哀电如蝗飞万里，鲁戈无力奈天何。
中原生气戕磨尽，愁杀江南曳落河。

天南烟月朦胧甚，东极风涛变幻中。
三十六宫春去也，杜鹃啼血总成红。

贼力何如民气坚，断头台上景怆然。

可怜黄祖骄愚剧，鹦鹉洲前戮汉贤。

烂羊何事授兵符，鼠辈无能解好谀。
驰电外强排复位，逆心终古笔齐狐。

而今国士尽书生，肩荷乾坤祖宋臣。
流血救民吾辈事，千秋肝胆自轮菌〔囷〕。

电文

蔡锷

致袁世凯电

1915年12月24日

自筹安会发生,演成国变,纪纲废堕,根本动摇,驯至五团警告迭来,辱国已甚,人心惶骇,祸乱潜滋。锷到东以后,曾切词披布腹心,未蒙采纳。弥月以来,周历南北,痛心召侮,无地不然。顷间抵滇,舆情尤为愤激。适见唐将军、任巡按使漾日电陈,吁请取消帝制,惩办元凶,足征人心大同,全国一致。锷辱承恩礼,感切私衷,用敢再效款款之愚,为最后之忠告。伏乞大总统于滇将军、巡按电陈各节,迅予照准,立将段芝贵诸人明正典刑,并发明令永除帝制。如天之福,我国家其永赖之。否则土崩之祸即在目前,噬脐之悔云何能及!痛哭陈词,屏息待命。

为申讨袁世凯致各省通电

1915年12月24日

天祸中国,元首谋逆,蔑弃约法,背食誓言,拂逆舆情,自为帝制,率召外侮,警告迭来,干涉之形既成,保护之局将定。锷等忝列司存,与国休戚,不忍艰难缔造之邦从此沦胥,更惧绳继神明之胄夷为皂圉。连日致电袁氏劝戢野心,更要求惩治罪魁以谢天下。所有原电,迭经通告,想承鉴察。何图彼昏,曾不悔过,狡拒忠告,益煽逆谋。夫总统者民国之总统也,凡百官守,皆民国之官守也。既为背叛民国之罪人,当然丧失元首之资格。锷等身受国恩,义不从贼,今已严拒伪命,奠定滇黔诸地方,为国婴守,并檄四方,声罪致讨,露布之文,别电尘鉴。更有数言涕泣以陈之者:阋墙之祸,在家庭为大变;革命之举,在国家为不祥。锷等夙爱和平,岂有乐于兹役?徒以袁氏内罔吾民,外欺列国,有兹干涉,既濒危亡,非自今永除帝制确保共和,则内安外攘两穷于术。锷等今与军民守此信仰,舍命不渝。所望凡食民国之禄、事民国之事者,咸激发天良,申兹大义。若犹观望,或持异同,则事势所趋,亦略可预测。锷等志同填海,力等戴山。力征经营,固非始愿所在,以一敌八,抑亦智者不为。麾下若忍于旁观,锷等亦何能相强?然量麾下之力,亦未必能摧此土之坚,即原麾下之心,又岂必欲夺匹夫之志。苟长此相持,稍亘岁月,则鹬蚌之利真归于渔人,而萁豆之煎空悲于轹釜。言念及此,痛哭何云。而锷等则与民国共死生,麾下则犹为独夫作鹰犬。坐此执持,至于亡国,科其罪责,必有所归矣。今若同申义愤,相应鼓桴。所拥护者,为固有之民国,匕鬯不惊;所驱除者,为叛国之一夫,天人同庆。造福作孽,在一念之危微;保国覆宗,待举足之轻重。致布腹心,惟麾下实利图之。

蔡锷

致四川陈宧将军电

1915年12月25日

别来未由通款曲，常用耿耿。国体问题发生后，外瞩国际，内察舆情，焦灼彷徨，莫知所措，清夜扪心，尤难稍安。在京曾多方设法，冀挽狂澜，卒归无效，乃决然引去。月来涉足东邻，周历南北，知某国所以谋我者，蓄蕴甚久，国人之欲图覆袁者，蔓衍甚广，进行极锐。默察全国人心，对于中央已无些须系念之余地。众叛亲离，其何以立？纵吾侪倾心拥护，幸平大乱于一时，而项城已近日薄西山之年，一旦不讳，复成土崩瓦解之局。我公明达，谅早洞瞩及此。同人再四熟筹，非趁兹时会建造新国，不足以换厄运而植新，一切计划现已着着实行，滇黔粤桂湘赣宁浙苏鲁等省，或早经决心，预有准备，或运动成熟，克期发动。我公热忱爱国，洞察机先，谅有同心。如能登高一呼，将见万山响应。锷虽不敏，愿效负弩。此间同人佩公甚至，亦惟马首之是瞻。何去何从，惟公裁之。闻黄陂甚危，段芝老已被害，深为恸悼。京中名流多被嫌禁锢，日暮途穷，倒行逆施，是晚清之不若矣。临电不胜翘企之至。杏村、穆生、鸣阶、时若诸兄并乞代致拳拳。

滇黔护国军总司令致各省都督、将军、巡按使、护军使、镇守使、师旅长电

1915年12月

　　前会滇黔两省劝阻帝制，良念风雨飘摇，不堪再经扰乱。如果袁逆悔祸，则吾言见用，弭患无形，我辈虽以言见嫉，终身觍颜，尤所甘心。不图彼昏不悟，置若罔闻，尤复日肆狡谋。内则荦金四出，羽檄纷飞，挥国帑若泥沙，驱国军若犬马；外则输诚通款，乞怜外人，以国家为牺牲，引虎狼以自卫。迹其惯乱昏暴，直熔王莽、董卓、石敬瑭、张邦昌于一炉。似此遗臭心甘，迁善路绝，更无委蛇迁就之余地。故万不得已，会商滇黔，与袁告绝。滇督唐公，黔督刘公，皆忠潮奋发，各以所部编成护国军，以属之锷。负弩之责既专，绝缨之志已决，是用整队北行，取道蜀汉，誓清中原。夫乱贼人得而诛，好善谁不如我。引领中原豪杰，各有深算老谋，尚望排除万难，早建大义。勿使曹瞒拊手，笑天下之易定，遂令伊州披发，决百年之为戎。国家幸甚。

蔡锷

敦促各省举义之通电

1915 年 12 月

前承两电，计蒙鉴察。袁氏违法背誓，背叛民国，凡有血气，莫不痛心，矧在服民国之官食民国之禄者。乃电告已一周间，响应固不乏人，尚有多省未闻同申大义，一致进行。见义不为，当仁而让，坐失事机，宁不可惜者。岂有恋于袁氏之爵禄，不欲舍弃耶！夫袁氏爵赏之滥，亦可谓空前绝后矣。羊头灶婢，尽授官阶，走卒贩夫，咸膺爵位。物以稀而可贵，袁氏名器之滥如此，岂尚有价值之可言？果能同举义师，拔彼赵帜，共和复故，民国重新，则是烈烈轰轰，光耀千载。以观彼爝火之虚荣，冗滥之官职，曾腐鼠之不若矣。又岂惑于袁氏之私惠，不忍背弃耶？吾人所受之官禄，民国之官禄也。受爵公庭，谢恩私室，君子鄙之，何私惠之足荣？况袁氏要结虽工，而阴狠实甚。附我者则视之如犬马，异己者则诛之如寇仇。为怨为德，何常之有？今日以私恩之故，徘徊犹豫，异日功狗之烹，可翘足而待。与其噬脐后悔，何如及早决心。左提右挈，成功可必，保节全身，在兹一举。不然，其必以君宪政治为真可行耶？姑勿论世界文明已趋共治，君主国体日在淘汰之中。即就现政而论，袁氏就职以来，摧残舆论，滥耗库储，生杀由心，法律刍狗，民生困敝，呼诉无门。名为共和总统，实无异于君主专制，凡所设施，皆以为其私耳，所谓福国利民者安在哉？其为总统犹横恣如是，则异日之君主可知。今若勠力同心，铲除帝制，推倒袁氏，重建共和，则法美之良规具在，我中华民国巍然继起于东亚大陆矣。舍此三者之外，则必其劫于积威之故，而不敢发难。不知自筹安会发生以来，薄海人民，同深愤恨，贤达君子，高举远引，众叛亲离，已成独夫。攘臂一呼，行见众山皆应；摧枯拉朽，可卜操券而决。又或狃于目前之安，悯念民生之苦，不欲变动贻累地方。不知见小利者反致大害，怀安乐者反贻困苦。况今日国民之困敝甚矣，不改弦而更张之，又何

乐利之可言？今兹之举，正所以去苦害之域，臻乐利之境，除帝制之毒，复共和之庥，安之大者也。人类以求安为目的，不此之求，复何求哉？锷等计划已定，着着进行，但有进死，更无退生，非达到还我共和民国之目的不止。诸公皆当世贤俊，手造民国，忍使庄严璀璨之名邦坠于浩劫而不复耶！神州陆沉，谁辞其咎？同舟共筹，大有其人。恐着鞭之先，我愿负弩以前驱。切盼深谅热忱，共兴义举，机缘可惜，宏愿必偿。盖以正胜邪，以直胜曲，自然之验，必至之符也。幸勿存心观望，坐误时机，甘作公民之敌，自贻后至之羞，万世千秋永为世界人之诟病，则幸甚矣。临电神驰，伫聆好音。

蔡锷

声讨袁逆之通电

1915年12月

呜呼！天祸中国，实生妖孽！袁氏以子孙帝王之私，致亿兆生灵之祸，怙终不反，愎谏无亲，既自绝于国民，义不同其履戴，敢声其罪与众讨之。袁氏昔在清廷，久窃权位，不学无术，跋扈飞扬，凶德既已彰闻，朝端为之侧目。造民军首义之日，及清廷逊位之时，袁氏两端首鼠，百计媚狐，以孤儿寡妇为大可欺，以天灾人言为不足畏。迹其侮弄神器，睥睨君亲，固已路人知司马之心，识者有沐猴之叹。惟时我邦人诸友，念风雨之飘摇，惊民生之涂炭，永怀国难，力奠邦基，故赣宁之役无功，而皖粤之师亦挫。乃袁氏恃其武力，遽即骄盈，蹂躏人权，弁髦法治，国会加以解散，自治横被摧残，异己削迹于国中，大权独操于一手。彼固曰是可以有为矣。卒之无补时艰，不保中立，济南自拓夫战域，辽东复展其租期，甚至俯首为城下之盟，被发有陆沉之痛。呜呼！我国民之忍辱含垢为已甚矣。袁氏之力图湔雪以求报称，宜何如者？何图异想忽开，野心愈肆，元首谋逆，帝制自为。筹安会发生于前，请愿团继起于后，等哀章之金匮，假强华之赤符。对内国人民，则谓外议之一致，于外交方面，复假民意以相欺。自奋独夫之私欲，掩天下之耳目。呜呼！永除专制，夫已氏口血未干；难拂民心，清帝之诏书具在。无信不立，宁得谓人？食言而肥，何以为国？因之外侮自召，警告频来，干涉之形已成，保护之局将定。此时杨再思一日天子，宁复有人间羞耻之心；他日石敬瑭半壁河山，更安有吾民视息之所。兴言及此，哀痛何云！夫总统一国之元首，中外所具瞻也。今袁氏躬为叛逆，自失元首之资格，斯其丑行凉德，固有无能为讳者，更举其略，以告国人：南北和议初成，党人欢迎南下，袁氏欲留无辞，乃煽动兵变以为口实。京津一带，惨付劫烧。张家口兵变，首乱不过数人，而全军咸遭坑杀。逞一己之淫威，轻万众之生命，是为不仁。黎副总统一代元勋，功在民国，段陆军总长当世人杰，志尤忠纯，皆

11

袁氏股肱心膂也。徒以反对帝制之故，积被猜疑，瀛台等羑里之囚，西山有云梦之辱。近传噩耗，未卜存亡。叹乌喙之凶残，悲鸟弓之俱尽，是谓不义。梁士诒、段芝贵、张镇芳、袁乃宽、杨度、胡瑛、顾鳌辈，皆市井小人，顽钝无耻。袁氏利其奔走，任以鹰犬之才，梁等遂窃威权，肆其狼狈之技。群邪并进，一指当前，望夷之祸匪遥，轮台之悔何及，是谓不智。当和议初起，袁氏握清廷全权，每语人曰吾誓不作总统；及叛迹已露，中外咸知，袁氏犹曰公等若再以帝制相迫，则我必逃英伦。言犹在耳，今竟何如？是谓不信。辛壬之际，义旅同兴，争冒死以图功，更举国以相授。袁氏之有今日，伊谁之力？乃动玲弹让，横肆诛夷。谓不杀于谦，则此举无名；谓苟无曹瞒，则几人称帝。功反为罪，生者之力已冤，死而有知，地下之目岂瞑，是谓不让。又若财权集于内府，计部徒建空名，大借款以盐税抵押，用途始终秘密，长芦运盐公司独占商利，垄断闻亦同登。袁乃宽、梁士诒、张镇芳，袁氏之聚敛臣也。交通银行，袁氏之外府也。甚至以一国之元首，而寄私财于他邦，腾笑外人，贻羞当世。其寡廉鲜耻有如此者！尤可异者，显违亲训，陌视孔怀，乖戾已深，本实先拨。宫门喋血，患已伏于隐微；斗尺寻仇，祸恐烈于典午。彼宗且覆，吾国何存？哀我无告之人民，忍与昏暴而俱尽者哉！昔者，董逃未昌，关东州郡同盟；莽窃初成，两河义军并起。今袁氏之罪更浮于二凶，民国之危尤甚于季汉。而且孙皓与下多忌，祖约偏厄不仁，孟津之八百不期，牧野之三千愈奋，斯其时也。各省军民长官，身为共和官吏，实系共和安危，必能挥士行之义旗，标茂宏之大节，举足轻重，立判存亡。其有海内顾命，先朝耆硕，在昔首阳贬节，原知心在国家，于今大盗潜移，宁肯助其乱逆，谅同义愤，请共驱除。至南阳旧部，新室故人，谁非国民，岂任私昵。况悲凉风于斛律，铲地难除；感大树之飘零，长城已坏。难共忧患，请视韩彭，其必有倒戈以图奋袂而起者乎！自余各界人士，虽未与人军师之谋，应念兴亡有责之义，则匹夫蹈海，义感邦君，小吏登坛，节厉群后，于古有之，是所望也。锷等痛念阽危，诚发宵寐，力虽穷于填海，志不挫于移山，请负弩以先驱，冀鼓桴之相应，将与摧公路之枯骨，定杨越之居尸。义声播而黄河清，大旆指而燕云卷。然后保固有之民国，定再造之旧邦，解此倒悬，绵我华胄，天下自此定矣，诸公其有意乎？乃若觊觎延漏刻，眷恋穷城，等防后之稽诛，效茔廉之死纣，则师直为壮，助顺者天，何枯朽之能安，将声名之并裂。幸勿贻悔于他日，庶其有感于斯文。

蔡锷

声讨袁逆并宣布政见之通电

1915年12月

前日所发檄文，谅已达览。惟尚有未尽之义，敢再掬诚报告于下。慨自晚清失政，国命阽危，我国民念竞存之孔艰，痛沦胥之无日，共倡义举，爰建共和，统一需人，乃推袁氏。当元二年之交，举国喁喁望治，爱国之士不惜牺牲一切，与袁氏相勠力，岂其有所私于一人，冀借手以拯此垂亡之国而已。袁氏受国民付托之重，于兹四年，在政治上未尝示吾侪以一线之光明，而汲汲为一人一家怙权固位之私计：以阴柔之方略操纵党派，以狠鸷之权术蹂躏国会，以卑劣之手段诛锄异己，以诱胁之作用淆钳舆论，以朋比之利益驱策宵小，以虚矫之名义劫制正人。受事以来，新募外债数逾万万，其用途无一能相公布。欧战发生，外债路绝，则专谋搜刮于内。增设恶税，强迫内债，更悬重赏以奖励掊克之吏。不惜民力，竭泽而渔，以致四海困穷，无所控愬。问其聚敛所入，则惟以供笼络人士，警防家贼之用，而于国务丝毫无与。对外曾不闻为国防之计划，为国际经济竞争之设备，徒弄小智小术以取侮于友邦，致外交着着失败。对内则全不顾地方之利害，不恤人民之疾苦。盗贼充斥，未或能治，冤狱填塞，未或能理。摧残教育，昌言复古，垄断实业，私为官营。师嬴政愚弱黔首之谋，尊弘羊一孔之教。法令条教，纷如牛毛，朝令夕更，自出自犯，使人民无所适从，而守法观念驯至澌灭以尽。用人则以便辟巧佞为贤，以酷苛险戾为才。忠说见疏，英俊召嫉。遵妾妇之道，则立跻高明；抱耿介之志，或危及生命。以致正气销沉，廉耻扫地，国家元气，斫丧无余。凡此征象，万目具瞻。以较前清黑暗泯棼，奚啻什倍。我国民既惩破坏之不祥，复谅建设之匪易，含辛忍痛，冀观后效，掬诚侧望，亦既数年。方谓当今内难已平，大权独揽，列强多事，边患稍纾，正宜奋卧薪尝胆之精神，拯一发千钧之国命。何图彼昏，百事弗恤，惟思觊觎神器，帝号自

娱，背弃口宣之誓言，干犯公约之宪典，内罔吾民，外欺列国。授意鹰犬，遍布爪牙，劫持国人，使相附和。良士忠告，充耳弗闻，舆论持正，翻成罪状。以致怨毒沸腾，物情惶骇，农辍于陇，商闭于廛，旅梗于途，士叹于校。在朝节士，相率引退；伏莽群戎，伺机思逞。驯至列强干涉，警告再三，有严密监视之宣言，作自由行动之准备。夫以一国之内政，乃至劳友邦之容喙，奇耻大辱，宁复堪忍？谁为为之，乃使我至于此极也！今犹不悛，包羞怙恶，彼将遂此大欲，餍其祸心。苟非效石晋割地称儿之故技，必且袭亡清奖拳排外之覆辙。二者有一于此，则吾国永沉九渊，万劫宁复？先圣不云乎：乱贼之罪，尽人得而诛之。况乃受命于民，为国元首，叛国之事实既已昭然，卖国之阴谋行且暴露，此而不讨，则中国其为无人也已？呜呼！国之不存，身将焉托？而立国于今，抑何容易！人方合兆众为一体，日异月新，以改良其政治。稍一凝滞不进，已岌岌焉为人鱼肉是惧，况乃逆流回棹，乃更有帝制自为之举？譬犹熟视父母，宛转属纩，而复引刀以诛之，别有肺肠，是孰可忍？数月以来，淫威所煽，劝进之辞，所在多有。彼方假借指为民意，冀以窃（以下原文脱漏十一字——编者）欲袭中世纪东方式奸雄之伎俩，七取权位，而谓可以奠国基安社稷，稍有常识者皆知其无幸也。袁氏对于国家既悍然不自知其职责之所在，对于世界复懵然不审潮流之所趋，其政治上之效绩，受试验于我国民之前者亦既有年，所余者惟累累罪恶，污我史乘，他复何有？就今怵于名分，不敢明叛国体，然由彼之道，无变彼之术，亦惟有取国家元气，旦旦而伐，酝酿大乱，以底于亡已耳。况当此祸至无日之时，借誉当时，掩罪后史？实则群公之权宜承旨，或出于顾全大局投鼠忌器之苦心，或怀抱沉机观变待时而动之远识，岂其心悦诚服，甘作贰臣，狂走中风，殉兹戎首？锷等或任职中枢，或滥竽专阃，为私计则尊显逾分，更何所求，与袁氏亦共事有年，岂好违异？徒以势迫危亡，间不容发，邦之阢陧，实由一人，亦既屡进痛哭之忠言，力图最后之补救。奈独夫更无悔祸之心，即兆众日在倒悬之域，是用率由国宪，声罪致讨，剪彼叛逆，还我太平。义师之兴，誓以四事：一曰与全国民勠力拥护共和国体，使帝制永不发生；二曰划定中央地方权限，图各省民力之自由发展；三曰建设名实相副之立宪政体，以适应世界大势；四曰以诚意巩固邦交，增进国际团体上之资格。此四义者，奉以周旋。下以徼福于国民，上以祈鉴于天日。至于成败利钝，非所逆睹，惟行乎心之所安，由乎义之所在。天相中国，其克有功。敢布腹心，告诸天下。

蔡锷

致华侨之通电

1915年12月

华侨同胞公鉴：我四百兆人民含辛茹苦，肇造民国，委托袁世凯，奉以统治大权，原期其励精图治，福国利民。乃袁氏包藏野心，蔑弃约法，利用群小，狗苟蝇营，为渊驱鱼，为丛驱雀，日以变更国体恢复帝制为号召。于是自中央以及各省，望风承旨，颂王莽功德者奚啻万人，称魏瞒神圣者何止百辈。始犹托名讨论，继则演成事实，行将举无数志士仁人心血头颅所换得之共和民国，化为一家之私产。良友忠规，褎如未闻；五国警告，悍然不顾。肆独夫之奸贪，沦全国于永劫。阴霾盖地，毒雾弥天，天下可痛之事，孰有甚于是者？锷等受民国付托之重，忝总师干，义愤撄心，无可再忍，爰于本月二十三日电致袁氏，要其取消帝制，惩办元凶，限以二十四点钟内答复，并通电各省求表同意，一致进行；一面简练军实，整率义旅，声罪致讨。呜呼！国家者，人民之公有物也。人民者，国家之主人翁也。当袁氏就职总统之初，何尝不一再声明保持共和，永不使君主复现。乃息壤在彼，不惜食言而肥。苟全国人竟从此默尔而息，一任其为所欲为，则是国魂已亡，人心已死，我神州古国将从此永堕于万劫而不可复矣。所幸攘臂一呼，同声相应，川黔各省，勠力同心，誓将扫除帝制，拥护共和。诸父老昆弟侨诸海外，眷念祖国，山川阻深，不能自致。用特沥陈起义实情，请赐明察。

致驻外国各公使通电

1915年12月

伦敦、波尔多、维也纳、日本东京、华盛顿、彼得格勒、柏林、罗马中国公使钧鉴：袁氏背叛民国，帝制自为，内拂舆情，外召干涉。迭经劝告，怙恶不悛。锷等受职民国，只知巩固共和。现已纠合义军，婴守滇黔，严拒伪命，传檄声罪，共逐独夫，地方乂安，军民扬厉。公等衔民国之命，当必效忠宣勤。务望鼎力维持，同申义愤，不胜盼祷。

蔡锷

云南起义告滇中父老文

1915年（民国四年）12月

　　锷去滇二年于兹矣。忆辛亥起义，仓卒为众所推，式饮式食于兹土者亦既有年。自维德薄能鲜，无补于父老。而父老顾不以其不职而莫我肯穀焉，则父老之所以遇我者良厚。属以内迁，不获久与父老游，卒北行，伴食权门，郁郁谁语？睹此国难之方兴，计好义急公，堪共忧患誓死生者，茫茫宇内，盖莫我滇父老若。今锷之所以来，盖诚有为国请命于父老之前者，愿父老之垂听焉。

　　民国成立以还，袁逆世凯因缘事会，遂取魁柄；凭权借势，失政乱国。内则金壬竞进，苛政繁兴，盗贼满山，人民憔悴；外则强邻侵逼，藩服携贰，主权丧失，疆土日蹙。乃袁逆曾不悔祸，犹复妄肆威权，排斥异己，挥金如土，杀人如麻，等法制如弁髦，玩国民于股掌。伊古昏暴之祸，盖未有若袁逆世凯之甚者！顾中国志士仁人所以忍痛斯须，虚与委蛇者，诚念飘摇风雨，国步方艰，冀民国国体不变，元首更替有期，犹可徐图补救耳。乃袁逆一身祸国犹虞不足，又复帝制自为，俾兹祸种，贻我新邑。袁逆之帝制成，吾民之希望绝矣。比者胙土分封，绵蕞习礼，袁逆急急顾景，若不克待。而起视四境，则弥天忿叹，群发曷丧偕亡之恶声。武夫健士，则磨刀霍霍，莫不欲剚刃贼腹。袁逆日暮途穷，谋逆愈亟，惧人心之不附，则又援外力以自固。参加欧战之危局，哀乞东邻之援助。以若所为，不惜以国家为孤注，以求彼一人之大欲。

　　呜呼！袁逆家中枯骨耳！石敬瑭、张邦昌之故事，彼固可聊以自娱。顾我神明华胄，共偷视息于小朝廷之下。磋我父老，其又安能忍而与此终古耶！诸葛武侯有言，汉贼不并立，王业不偏安。今日之势，民国国民与袁逆义不共戴。三户亡秦，一旅兴夏，有志者事竟成，此匹夫之通责，而亦天下之公言。虽然，积威约之渐，举国若瘖，相视莫敢发难。独以西南

一隅，先天下而声叛国之罪，是则我父老之提携诱导，其义闻英声，夫固足以大暴于天下后世矣。

锷远道南来，幸获从父老之后，以遭兹嘉会，而又过辱宠信，扫境内之甲兵以属之锷，俾得与逆贼从事。锷感激驰驱，竭股肱之力，济之以忠贞，以求勿负我父老之厚望而已。抑全功未必一蹴之可企，而有志岂容一息之或懈。锷行矣，其所贾余勇，策后劲，以期肤功迅奏，而集民国再造之大勋者，伊谁之责？愿我父老之一鼓作气，再接而再励，以期底于成。斯国家无疆之庥，而亦吾滇父老不朽之盛业也。

蔡锷

护国军出师誓告国人文

1916年（民国五年）1月

　　中华民国护国军总司令蔡锷誓告于我全国同胞公鉴：袁为不道，窃号自娱，言念国危，有如朝露。锷等不忍神明之胄递降舆台，更惧文教之邦永沦历劫，是用奋发，力任驱除。首事不过兼旬，风声已播全国：具见时日之痛悉本于人心，差幸疾风之节犹光于天壤。惟是榱崩栋折，讵一木之能支，定倾扶危，将群材之是赖。锷等回天力薄，返日心长，不惜执挺效挞伐之先，所冀鼓桴有声应之助。乃如党分洛蜀，疑有异同，地判越秦，不无歧视。或谓伯符有坐大江东之势，抑恐敬业存郫觊觎金陵之心。凡此疑似之辞，虑不免于谗间之口。窃为是惧，用敢披沥肝胆，谨布誓词以告国人，并自申警：
　　一、同人职责，惟在讨袁，天助吾民，幸克有济，举凡建设之事，当让贤能，以明初志。个人权利思想，悉予铲除。
　　一、地无分南北，省无论甲乙，同此领土，同是国民，惟当量材程功，通力合作，决不参以地域观念，自启分裂。
　　一、倒袁救国，心理大同，但能助我张目，便当引为同志，所有从前党派意见，当然融消，绝无偏倚。
　　一、五大民族，同此共和，袁氏得罪民国，已成五族公敌，万众一心，更无何等种族界限。
　　兹四义者，誓当奉以周旋。苟此志之或渝，即明神所必殛。皇天后土，实式凭之。惟我邦人诸友，鉴此心期，或杖策以相从，亦剑履之遴及。其诸同仇可赋，必有四方豪杰之来，众志成城，不堕二相共和之政。谨告。

致北方各师旅团营长函

1916年1月

夫鲁仲连东海之一匹夫耳，乃能力拒强秦，取销帝号，申大义于天下，增历史之光荣。华盛顿北美一军人耳，乃亦具独立不羁之精神，争天赋人权之公理，脱离压制，建树共和。兹二人者，其耳目口鼻身体发肤，无以异于人也，而思想高尚，义勇兼全如是。试一翻太史公之《史记》，游合众国之都城，卓卓名言，巍巍铜像，不禁令吾人叹美倾服，歆慕不置。今吾辈亦犹是，挺然丈夫之身，而仍伈伈伣伣，致令袁氏一人施愚民之政策，逞独夫之暴行，自为帝制，卖国求荣，若竟遂其所为，直将陷我四万万同胞于永世不复之浩劫。此锷等所以沉舟破釜，泣血椎心，不辞铁血之劳，而谋公共之安者也。粤自清廷逊位，革命成功，袁世凯之枭雄恣睢，谬窃时誉，尔时在事同人，开诚布公，不忍生灵之涂炭，遂因而推举之，以为袁世凯果能维持国家之治安，尚不失为当代之豪杰。乃袁氏自就职总统以来，包藏野心，妄贪帝位。试回溯其四年之种种设施，何尝有一实心实政惠及吾民者，无非为其称帝称尊之私计而已。今试揭其奸罪为诸君子一略陈之：比年盗贼不靖，萑苻遍野，水旱灾害，环起叠生，国困民穷已臻极度，仁人君子闻之恻然。矧其为一国元首，宜如何恐惧修省，力谋奠安生民。乃醉心帝位，汲汲不遑，日事敲剥，供其浪费，牢笼要结，无所不至，民生国计，概未有闻，但肆一己之奸贪，遑恤兆民之困苦，岂非不仁之甚者！世界文明，日趋共和，四海之富，九五之尊，已成陈迹，荣威久杀。况总统公举，为世界无上之光荣，欲皇帝私传，易启骨肉残杀之惨祸。分藩搆衅，官禁横尸，历史昭然，可为殷鉴。袁氏诸子，竞长争雄，各怀异心，釜豆之煎，伏于眉睫。而乃利令智昏，一切不顾，但求偿其大欲，不虑及于将来，犹视然饰词以告于人曰，余不惜牺牲一家以为国。夫今日之民国，固尚相安无事也，有何不得已而必欲牺牲其一家始可相救者？其一家之阋墙犹末也，而全国之祸害随之；其一身之甘为石敬瑭、张邦昌，贻中国以莫大之耻辱犹后也，而陷全国人于奴隶牛马，与独夫以俱尽，岂非不智之尤者！袁氏两次就职总统，皆宣言拥护共和，永不使君主复见，又其致各省都督书有云，"世凯束发受书，即慕唐虞官天下之风，以为历代治道之隆污，罔不系乎公私之两念。洎乎中岁，默识外情，目睹法美共和之良规，以为深合天下为公之训"云云。乃息壤在彼，竟不惜食言而肥，岂非不信之尤者！袁氏臣事清朝，世承恩泽，外掌封圻，内历枢要。革命事起，遂复倒戈。民国推任总统，然犹曰民国之元首，公仆而已，代表国家而已，既非易姓而帝，即无篡夺之嫌。今则欺人孤儿寡妇，公然取而代之，公然降封为王矣。自古莽操之徒，犹未必丧心至是也，岂非不义之尤者！天下断未有不仁不智不义不信而可以恭然为民上保邦家者。凡有血气，宜无不痛心疾首，奋袂而兴，咸思除此叛逆，还我共和。矧燕赵古称多慷慨悲歌之士，北方强矫，为英豪义士所诞生。时至今日，岂竟无思想之高，义勇之备，如鲁仲连、华盛顿其人者乎？奈何倡义之举，寂然无闻，北顾山河，犹蒙瘴雾？诸君子皆手创共和之人，其铲除贪横之政府，保卫神圣之民国，皆其固有之天职，未可放弃者也。谁具桎梏阻其进行，致使地灵人杰之区，为腥秽迷漫之地？英雄在望，用武无人，讵不大可惜哉！锷等之素志，本以国家为前提，在平时服从命令，拥护中央，亦与诸君子同其宗旨。但袁氏甘心叛国，则已为天下公敌，锷等负民国之重托，断不敢附和逆谋，以私害公，用是躬率仁义之师，誓尽吊伐之责。师直为壮，众志成城，行将会兵武汉，直捣幽燕。我北方诸同胞君子，见义勇为，当仁岂让，所望深体熟忧，共襄义举，迅奏肤功，救民水火。差以正胜邪，以直胜曲，自然之验，必至之符也。切勿存心观望，坐失事机，甘作公众之敌，自贻后至之羞，万世千秋，永为共和民国所诟病，则幸甚矣。临颖不胜迫切之至。

蔡锷

致河内总督函

1916年1月

　　前年卸职入都,取道贵治,馆驿延接,待以殊礼,私衷铭感,常不去心。此次南来,再过棠封,亟愿竭诚踵谢,并抒积愊。徒以身处变局,过门不入,耿耿歉忱,谅蒙鉴原。敝国不幸,元首谋叛,自为帝制,执意不回,对友邦则伪托民意以相掩饰,对国民则又假称各国承认以相蒙蔽。究之全国怨咨,除一二私昵佞幸而外,盖未有不深恶痛绝者。至文明各友邦,夙重正义,虽在君主之国,顾念东亚和平,亦不愿有此无事自扰之谬举,民主之国,更无论已。顾袁氏利令智昏,不恤祸乱,不畏人言。鄙人在京时,虽复竭忠尽智,希冀感悟,卒归无效,不得已而约同各省疆吏共举义师,驱除叛逆,拥护民国,以慰我人民倾向共和之真意,而副各友邦承认民国之厚期。吾国古训,多难兴邦。借鉴贵国历史,帝政王政,屡起屡仆,而后卒定共和,先进国之微烈具在。锷与国人亦步亦趋,何敢不勉。此举为维持我固有之国体,既承各友邦承认于前,知必蒙赞同于后。国际之关系,在我军本无变动,惟在袁世凯一方面擅更国体,或酿国际之纠纷。我军既起,自不能再认袁世凯有代表国家之资格。以后袁世凯政治上行动,我国民全体当然不负其责。尤望各友邦推承认民国之善意,扶持正义,永笃邦交。贵国为世界共和缔造之维艰,知必共表同情之谊,而愿观我军之成也。锷统兵北讨,首途在即,不克躬承教言,良深调怅。兹就徐交涉员赴越之便,特持书布诚。

蔡锷

复北京统率办事处电

1916年1月

漾敬电并悉。国体问题，在京能否拒绝署名，不言可喻。若问良心，则誓死不承。以东海、范孙、仲仁诸公之忠告，尚不见纳，我辈宁有建言之余地？若云反复，以总统之信誓旦旦，尚可寒盟，何论要言！出都以来，薄游日本，取道沪港入滇，耳目所接，群有易丧偕亡之感。人心如此，为在京时所不及料。比者京外正人君子，明辞暗逃，避之若浼，而有力者大都各严戒备，伺隙而动。事实已然，并非造谣，乱机四伏，其何能国。至外人处心积虑，确以警告为干涉之张本。勿论如何措词，只可以愚黔首，不足以欺外人。主峰纵极万能，将来之帝制，求得如石敬瑭、张邦昌而止。外审邦交，内察舆情，种种危险，皆自称帝之一念召之。眷言前途，哭不成声。主峰待锷礼遇良厚，感念私情，雅不愿其凶国害家之举。若乘此时放下屠刀，则国人惓念前功，岂复忍为已甚？胡尔泰暮年生涯，犹享国人之颐养。主峰以垂暮之年，可已则已，又何必为儿孙冒天下之大不韪？君子爱人以德，拳拳数言所以报也。若乃疑非实情，执意不回，则不同为谋，实所不敢。锷为公义驱，不复能兼顾私情矣。豪杰并起，勉从其后，卫此民国，死生以之。临电涕零，惟赐鉴察转呈示复。

致华侨筹饷助义电

1916年1月

前电既蒙鉴察。比年以来，国内盗贼满地，莋莩遍野，水旱灾害，环起迭生。为元首者，宜如何恐惧修省，奠定民生，而乃醉心帝位，汲汲不遑，挥霍金钱，滥施名器，牢笼要结，无所不为。而于国计民生，曾未尝画一长策，展一良图，此尚可谓有人心者耶？锷等因是，义愤风云，志除国贼，但有进死，更无退生。现已简料云南常备各旅团，合黔省各团营，编制为护国第一、二两军，次第出发，由锷与烈钧分将之，拟长驱西北，会师武汉，直捣幽燕。惟是义师既起，需饷浩繁，滇黔瘠区，库储无多。素仰我海外父老昆弟眷怀祖国，高义薄云，南面顶礼，电乞援助。子文之毁家纾难，讵让昔人；卜式之输财助边，定多来者。如蒙解囊相助，或随时径汇滇垣经收，或汇数汇集沪港候派员领解。倘得源济无缺，士饱马腾，拯同胞于陷溺之中，复共和于危亡之际，则贵埠义声，烁古今震中外矣。专此布恳，敬请拎鉴。

蔡锷

敦请柏烈武君为南洋筹款总代表电

1916年1月

民国不幸，元首谋逆，庶政等治丝而棼，四维几扫地以尽，诬民惑世，误国丧权。锷等慨念杌陧之邦基，伸郁结之民气，因与中原豪杰，并力图谋，勉兴挞伐之师，期复太平之治。惟是首义区域，负担特重，非厚集军实，不克大振兵威。滇省士气发皇，人心激愤，义声一播，众志成城。现编护国军次第进发，并设筹饷专局，接济军需。顾集勇敢之边民，师已誓诸牧野，而睹贫瘠之山国，虑莫切于量沙。夙仰先生望重斗山，义薄云汉，频年硕画，群推海内人豪，登高一呼，定倾南中观听。用特专函奉推，务请俯任南洋筹饷总代表，就近筹措一切。素审侨南同胞，爱国如命，见义勇为。闻义旆之飞驰，不少弦高犒乘，得明公之劝募，愈多卜式输财。某等誓提雄师，铲独夫之专制。载赓将伯，望义举之同襄。专肃，敬颂旅祺不次。

复徐州张融电

1916年1月

宥电敬悉。危言高义,佩感同深。此次袁氏罔民误国,对内对外威信全隳。听其所为,则种奴国亡,必无幸理。故各省主张反对,大致略同,都非得已。滇黔穷僻,锷等材复驽下,以抗袁氏,明知卵石不敌,区区之意,特为诸公负弩先驱,亦恃人心不死,必能鼓桴相应耳。在我辈推翻专制,改建共和,本为安定国家,可告无罪于清室。若乃食言背誓,帝制自为,微论外侮内阋,无以为国,即我辈对于清室亦芒芒无可自解。我公眷怀故君,久而弥挚,纯忠大节,海内昭然。今袁氏置国家于至危,复陷我辈于不义,下走所由愤兴,度亦从者所深恶也。且袁氏何常之有,黎、段诸公宣力效忠,可谓甚至,而拘囚窘辱,尚未知命在何时。鸟尽弓藏,古今同慨,时至今日,公犹不知所自处乎?麾下控制江淮,锁钥南北,更得我公登高一呼,必能使海内景从,中外倾听,举足轻重,立判存亡。凡此晓晓,要非过计。惟希亮察,不尽屏营。

蔡锷

复陈宦函

1916年5月

敬诵大函，得领宏教，不胜钦佩。所云此次云南起事，特为护国起见，诚然，诚然。当时锷等以为起事之后，可用军事上之态度，表示国人反对帝制之意。如袁氏而良心不昧，即当俯从民意，中止帝政行动。讵料袁氏并无悔祸之心，竟反调大军南下，以实行武力压制，以为如此则真正之民意可以被其压倒，而帝制即可成功。因此致令生民涂炭，将士丧亡，举国骚然，四民失业，袁氏岂能辞其咎耶？及见人民反对日烈，帝制终无成功之望，始不得已勉行取消。论者以为袁氏至此必能退位以让贤者，乃复尸位不去，此非吾人所能解者。试问袁氏居此失败地步，能否掌执国家大权，操纵如意？即使能之，又试问袁氏尚有何面目以见国人？今姑将道德廉耻暂置勿论，又试问当此纪纲法律、对内对外之威信荡然扫地之秋，袁氏焉能使国中之有才有德者以供其指挥耶？袁氏独断独行，五年于兹，试问成效安在？据吾人所闻，袁氏屡次布告国人，自谓当初不欲再入政界，因辛亥时迫于公义，国人之请，不得已始出肩任国家大事，以尽爱国爱民之苦衷。兹者举国国民同声要求袁氏退位，为袁氏计，亦止有自行卸职之一途，始不与其爱国爱民之宗旨相抵触。否则帝制今虽取消，焉知将来不死灰复燃？请问我公果有何等担保，足以取信于国人耶？或者以为袁氏退位，不免有新发生之竞争，致使国家趋于危境，锷则以为大谬不然。袁氏果能退位，继位问题不当以武力解决，应以法律解决之。约法不云乎，若遇总统退位，则其责任职权当以副总统继续肩任。袁氏果去，则黎副总统照法律应继其后，当不至生若何纷争也。

致陈宦电

1916年5月

顷致阳电计达。乱机蓬发，逐晷而进，不于此时力为阻遏，必致不可收拾。而其关键实在项城一身之进退，速退则举国蒙其庥，一切困难问题皆可迎刃而解。至于继任之人，以段芝老之资望勋业道德经验，人无间言。惟移花接木，苦无善法。无已，锷有二议：（甲）暂以黄陂继任，随即召集民国二年参众两院议员选举正式总统，并一面设法务使芝老当选。以大势度之，似有八成把握。盖两院议员于芝老多抱善感，甚推重其为人，届时锷当与滇黔桂粤诸当道力为斡旋，当无不谐。（乙）由各省互派代表三人改定约法，并议定国会组织及选举法，重新选举议员，组织国会，以选举总统。乙法手续繁重，非半年以上不为功；甲法虽不无小疵，而施行简捷，容易收功。总之，甲乙两法非至选举总统之期而施行选举，自非另以特别条件定之不可，似宜于南北议和条件中规定及之。我兄如另有良法，望以见示。再，冯华老另订条件，尚未奉到，望速电示。

蔡锷

复陆荣廷、梁启超电

1916年5月7日

干公二十八日电阳悉。桂师分道入湘，湘军望风款附，我公亦将亲督大队继进，硕画荩筹，曷胜佩慰。陈使提出条件，此间未予承认，并促令联络各省迫袁退位。冯陈等劝袁退位电已发。袁迭次声言并致电各省，谓非不欲速退，奈善后各事茫无把握，遽行撒手，立见危亡等语。其言是否出于至诚，要不可知。惟据二安电称，袁意以黄陂才识力量，俱不胜元首之任，欲以段芝泉继任总统。盖一可保持袁系之势力，一可免此系之溃而为乱。以段氏志节人望论，继任元首，吾侪可无间言。惟急遽间段氏总统实无法可以产出。任师对此问题意见如何，乞详示。袁不退位，蜀决独立，张李两部可以就范，惟曹锟夙性迷顽，届时只有仍以武力驱除之耳。联合政府前后声言及两粤消息，此间毫未知闻，尚乞随时专电见示为幸。

复陈宧电

1916年5月9日

虞电青悉。段王两公鱼电,蔼然仁者之言。所称罢兵息战,撤回军队,疏通东北各省意见等因,俱为目前必要之处置。锷所主张具详两阳电,乞加复按。今更确切陈之:(一)项城立即宣告退位,依法以副总统继任;(二)诸公如仍虑黄陂难担此重任,则设法使之托词辞卸,依法以国务总理摄政;(三)立将前敌军队撤退,一切善后事宜,由南北两方面派代表商定之;(四)以特别条件规定选举新任大总统。此即足以解纷争而靖祸乱,若犹钩心斗角,争长较短,月复一月,祸水滔滔,焉有穷极!伏冀垂察是幸。

蔡锷

致戴戡电

1916年5月21日

廿酉电悉。华团出江津、合江，本属甚宜。但因亟亟于造成川省之独立，打破二安之骑墙，不得不硬撑架子，派兵应援。兵经派出，欲其复归原队，以应缓急，实大不易，则正面只剩两梯团，逆军则有两师。近闻鲁兵新到泸者有三千之多，故除调赵部来援外，实无善法。若仅调赵部之李团，而以华团出江津，不独有分割建制之害，且独立作战，祝三尚无此经验，虽可益以熊部若干，但克丞万难亲往，则其间统御指挥之困难，可以揣想而得，固不如全部调永之为得也。赵部归黄带之说，殊无根。请告华部毋庸置信。

致唐继尧、刘显世、戴戡电

1916 年 5 月 27 日

循公有午电悉。分复如下：（一）循部应俟赵部到松坎接防，李部主力抵贵阳后，方可移师他向，以免疏虞。（二）给养一端，影响于战事者极巨，应请冀公速电协毓，各派专员预赴前敌妥为筹备，并由循公酌留若干员补助办理，俾免临时周章。（三）循部东移，所属之炮机兵仍请冀公照拨，俾厚势力而维军心。此间所获敌军山炮虽多，完全可用者只两尊，前因连日猛攻，其炮弹已使用罄尽，无从补充。叔桓昨日到，并闻。

蔡锷

复戴戡电

1916年6月4日

卅一酉电悉。陈督宣布独立后，于军事部署迭经电询，尚无确复。而其始意，则以履任及新成之杨旅自保，以川军御曹。日昨迭据急报，周骏为袁逆禄位所策动，率兵西犯，已抵资州。陈派冯旅杨团抵御，我左纵队亦将合力会剿。曹张如尾随西犯，我即击其侧背，现已严为准备。华团调至尊处，兵力更薄，现在究竟实力如何，士气及军实何若，希告。任公丁父忧，闭门守制，不独任公之不幸也。冀督冀通电，滇编七军，以黄叶张刘为四五六七军总司令。古者天子六军，今能驾而上之，冀公之魄力伟矣！

致众议院陈敬民、籍亮侪电

1916 年 7 月 30 日

义密两电敬悉。弟病非转地不可,川事罗戴必能维持。周骏等人,争权躁进则有之,至于外间所传种种阴谋,似不免言之过甚。凡事一趋极端,必失平衡,国事因而枕陧,此后当引为大戒。我公贤达,当能潜移默运,泯祸患于无形也。锷乞假三月,东渡养疴,拟不预闻外事。张君丕轩,极愿与通款曲。滇黔桂诸省当代为绍介。总之,西南各省锷可保其必能始终持拥护中央维持大局之旨,决不至助长捣乱派之焰也。

蔡锷

致成都殷承王瓛电

1916年8月

黄衡秋昨到渝,其所购军需品已到,一切由兄处理可也。弟廿一启行东下,中央已派舰迎候。病稍瘥,并闻。

复政事堂统率办事处电

1918年4月

　　帝制撤销后，二安派员持条件来商，首言仍戴袁项城为总统，再以他条防微杜渐，冀可从速弭祸，维持调护，深佩苦衷。国势至此，若可以宁人息事，万不忍再滋纷扰，耿耿此心，尽人而同。惟兹事体大，自应从长计议者。以法理言，项城承认帝位时，已有辞退总统之明令，是国会选举之效力已无存在。此时继续旧职，直无根据。世岂有未经选举之总统，此而囫囵吞过，尚复成何国家？以情势言，项城身为总统，不能自克，及承认帝位，又不能自坚。一人之身，数月之间，而号令三嬗，将威信之谓何？此后仍为总统，纵使指天誓日，亦无以坚人民之信，则种种防闲之要求，自为理所应有。上下相疑，如防盗贼，体统何在，政令难行，此征诸内情而决其不可者也。故以二安条件分头电商滇黔桂粤各省，皆严词拒绝。海内外名流函电纷驰，语尤激愤。人心如此，项城尚何所恋乎？今有识者，皆谓项城宜退，遵照约法由副总统继任。此时更推东海、芝老、华老分任枢要各职，于法理事实两无违碍。计今日大事，所赖于项城者，黄防、东海、芝老、华老亦优为之。其致疑于项城者，黄陂诸公举皆无有。是项城退，万难都解，速弭祸乱之法更无逾于此者。人生几何，六十老翁以退而安天下，尚复何求？若复眷恋不决，坐待国人尽情之请，彼时引退，则逼迫强制，终累盛德，不退则再动干戈，又为戎首，二者必居一。于此，为国家计，为项城计，并恳诸公合词规谏，勿昧先几。锷于项城多感知爱，倦倦忠言，盖上为天下计，亦下以报其私，惟诸公鉴察。

杂 文

冶兵语录按语

序

辛亥之春,余应合肥李公之召,谬参戎职。时片马问题纠葛方殷,瓜分之谣诼忽起,风鹤频惊,海内骚然。吾侪武夫,惟厉兵秣马赴机待死已耳,复何暇从事文墨以自溺丧。乃者,统制钟公有嘱编精神讲话之命,余不得不有以应。窃意论今不如述古,然古代渺矣,述之或不适于今。曾、胡两公……其人其事距今仅半世纪,遗型不远,口碑犹存,景仰想像,尚属非难。其所论列,多洞中窈要,深切时弊。爰就其治兵言论,分类凑辑,附以案语,以代精神讲话。我同袍列校,果能细加演绎,身体力行,则懿行嘉言,皆足为我师资,丰功伟烈,宁独让之先贤。

宣统三年季夏邵阳蔡锷识于昆明

一、将 材

古人论将有五德,曰:智,信,仁,勇,严。取义至精,责望至严。西人之论将,辄曰"天才"。析而言之,则曰天所特赋之智与勇。而曾、胡两公之所同倡者,则以为将之道,以良心血性为前提,尤为扼要探本之论,亦即现身之说法。咸、同之际……两公均一介书生,出身词林,一清宦,一僚吏,其于兵事一端素未梦见,所供之役,所事之事,莫不与兵事背道而驰。乃为良心血性二者所驱使,遂使其"可能性"发展于绝顶,武功灿然,泽被海内。按其事功言论,足与古今中外名将相颉颃而毫无逊

色，得非精诚所感金石为开者欤！苟曾、胡之良心血性而无异于常人也，充其所至不过为一显宦，否则亦不过薄有时誉之著书家，随风尘以殄瘁已耳，复何能崛起行间，建不世之伟绩也哉！

二、用　人

曾谓人才以陶冶而成，胡亦曰人才由用人者之分量而出，可知用人不必拘定一格，而熏陶裁成之术，尤在用人者运之以精心，使人人各得显其所长，去其所短而已。窃谓人才随风气为转移，居上位者有转移风气之责（所指范围甚广，非仅谓居高位之一二人言，如官长居目兵之上位，中级官居次级官之上位也），因势而利导，对病而下药，风气虽败劣，自有挽回之一日。今日吾国社会风气败坏极矣，因而感染至于军队；以故人才消乏，不能举练兵之实绩，颓波浩浩，不知所届。惟在多数同心共德之君子，相与提挈维系，激荡挑拨，障狂澜，使西倾，俾善者日趋于善，不善者亦潜移默化，则人皆可用矣。

三、尚　志

右列各节，语多沉痛，悲人心之陷溺，而志节之不振也。今日时局之危殆，祸机之剧烈，殆十倍于咸、同之世。吾侪身膺军职，非大发志愿，以救国为目的，以死节为归宿，不足渡同胞于苦海，置国家于坦途。须以耿耿精忠之衷，献之骨岳血渊之间，毫不反顾，始能有济。果能拿定主见，百折不磨，则千灾百难不难迎刃而解。若吾辈军人，将校则以跻高位享厚禄安富尊荣为志，目兵则以希虚誉得饷糈为志，曾、胡两公必痛哭于九泉矣。

四、诚　实

吾国人心，断送于"伪"之一字。吾国人心之伪，足以断送国家及其种族而有余。上以伪驱下，下以伪事上，同辈以伪交，驯至习惯于伪，只知伪之利，不知伪之害矣。人性本善，何乐于伪？惟以非伪不足以自存，不得不趋于伪之一途。伪者人固莫耻其为伪，诚者群亦莫知其为诚，且转相疑骇，于是由伪生疑，由疑生嫉，嫉心既起，则无数恶德从之俱生，举所谓伦常道德皆可蹴去不顾。呜呼，伪之为害烈矣！军队之为用，全恃万众一心，同袍无间，不容有丝毫芥蒂。此尤在有一诚字为之贯串，为之维系，否则如一盘散沙，必将不戢自焚。社会以伪相尚，其祸伏而缓；军队以伪相尚，其祸彰而速且烈。吾辈既充军人，则将伪之一字排斥之不遗余力，将此种性根拔除净尽，不使稍留萌蘖，乃可以言治兵，乃可以为将，乃可以当兵。惟诚可以破天下之伪，惟实可以破天下之虚。李广疑石为虎，射之没羽，精诚之所致也。

五、勇　毅

勇有狭义的广义的及急遽的持续的之别。暴虎凭河，死而无悔，临难不苟，义无反顾，此狭义的急遽的者也。成败利钝非所逆睹，鞠躬尽瘁死而后已，此广义的持续的者也。前者孟子所谓小勇，后者所谓大勇，所谓浩然之气者也。右章所列多指大勇而言，所谓勇而毅也。军人之居高位者，除能勇不算外，尤须于毅之一字痛下工夫。挟一往无前之志，具百折不回之气，毁誉；荣辱、死生皆可不必计较，惟求吾良知之所安。以吾之大勇表率无数小勇，则其为力也厚，为效也广。至于级居下僚（将校以至目兵），则应以勇为惟一之天性，以各尽其所职。不独勇于战阵也，即平日一切职务，不宜稍示怯弱，以贻军人之羞。世所谓无名之英雄者，吾辈是也。

六、严　明

治军之要，尤在赏罚严明。煦煦为仁，足以隳军纪而误国事，此尽人所皆知者。近年军队风气纪纲大弛，赏罚之宽严每不中程，或姑息以图见好，或故为苛罚以示威，以爱憎为喜怒，凭喜怒以决赏罚。于是赏不知感，罚不知畏。此中消息，由于人心之浇薄者居其半，而由于措施之乖方者亦居其半。当此沓泄成风委顿疲玩之余，非振之以猛不足以挽回颓风。与其失之宽，不如失之严。法立而后知恩，威立而后知感。以菩萨心肠行霹雷手段，此其时矣。是望诸勇健者毅然行之，而无稍馁，则军事其有豸乎。

七、公　明

有谓居高位以知人晓事为职，且以能知人晓事与否判别其为君子为小人。虽属有感而发，持论至为正当，并非激愤之谈。用人之当否，视乎知人之明昧；办事之才不才，视乎晓事之透不透。不知人，则不能用人；不晓事，何能办事？君子小人之别，以能否利人济物为断。苟所用之人不能称职，所办之事措置乖方，以致贻误大局，纵曰其心无他，究难为之宽恕者也。

昔贤于用人一端，内举不避亲，外举不避仇，其宅心之正大，足以矜式百世。

近世名器名位之滥极矣，幸进之途纷歧杂出。昔之用人讲资格，固足以屈抑人才；今之不讲资格，尤未足以激扬清浊。赏不必功，惠不必劳，举不必才，劾不必劣，或今贤而昨劣，或今辱而昨荣。扬之，则举之九天之上；抑之，则置之九渊之下。得之者不为喜，失之者不为歉。所称为操纵人策励士气之具，其效力竟以全失。欲图挽回补救，其权操之自上，非吾侪所得与闻。惟吾人职居将校，在一小部分内，于用人一端亦非绝无几许之权力。既有此权，则应于用人惟贤循名核实之义特加之意，能于一小部分有所稗补，亦为心安理得。

八、仁　爱

带兵如父兄之带子弟一语，最为慈仁贴切。能以此存心，则古今带兵格言，千言万语皆可付之一炬。父兄待子弟，虑其愚蒙无知也，则教之诲之；虑其饥寒苦痛也，则爱之护之；虑其放荡无行也，则惩之责之；虑其不克发达也，则培之养之。无论为宽为严为爱为憎为好为恶为赏为罚，均出之以至诚无伪，行之以至公无私。如此，则弁兵爱戴长上，亦必如子弟之爱其父兄矣。

军人以军营为第二家庭，此言殊亲切有味。然实而按之，此第二家庭较之固有之家庭，其关系之密切殆将过之。何以故？长上之教育部下也，如师友；其约束督责爱护之也，如父兄。部下之对长上也，其恪恭将事，与子弟之对于师友父兄殆无以异耳。及其同征战役也，同患难，共死生，休戚无不相关，利害靡不与共。且一经从戎，由常备而续备，由续备而后备，其间年月正长，不能脱军籍之关系，一有战事即须荷戈以出，为国宣劳，此以情言之耳。国为家之集合体，卫国亦所以卫家。军人为卫国团体之中坚，则应视此第二家庭为重，此以义言之耳。

古今名将用兵，莫不以安民爱民为本。盖用兵原为安民，若扰之害之，是悖用兵之本旨也。兵者，民之所出，饷亦出之。自民索本探源，何忍加以扰害。行师地方，仰给于民者岂止一端？休养军队，采办粮秣，征发夫役，探访敌情，带引道路，何一非借重民力。若修怨于民，而招其反抗，是自困也。至于兴师外国，亦不可以无端之祸乱加之无辜之民，致上干天和下招怨怼，仁师义旅决不出此。此海陆战条约所以严掳掠之禁也。

九、勤　劳

战争之事，或跋涉冰天雪窟之间，或驰驱酷暑恶瘴之乡，或趁雨雪露营，或昼夜趱程行军，寒不得衣，饥不得食，渴不得水，枪林弹雨之中，血肉横飞，极人世所不见之惨，受垣人所不经之苦，其精神，其体力，非于平时养之有素，练之有恒，岂能堪此。练兵之主旨，以能效命于疆场为归宿，欲其效命于疆场，尤宜于平时竭尽手段以修养其精神，锻炼其体魄，娴熟其技艺，临事之际，乃能有恃以不恐。故习劳忍苦，为治军之第一要义。而驭兵之道，亦以使之劳苦为不二法门。盖人性似猴，喜动不喜静，宜劳不宜逸。劳则思逸，则淫。闲居无所事事，则为不善，此常人恒态。聚数百千血气方刚之少年于一团，苟无所以范其心志，劳其体肤，其不逾闲荡检溃出堤防之外者，乌可得耶？

十、和　辑

古人相处。有愤争公庭而言欢私室，有交哄于平昔而救助于疆场，盖不以公废私，复不以私而害公也。人心之不同如其面，万难强之使同，驱之相合，则睚眦之怨，芥蒂之隙，自所难免。惟于公私之界分得清，认得明，使之划然两途，不相混扰，则善矣。咸、同之役，中日之役，中法之役，列将因争意气而致败绩者不一而足，故老相传，言之凿凿。从前握兵符者多起自行间，罔知大体，动以意气用事，无怪其然。今后一有战役，

用兵必在数十万以上，三十余镇之师，情谊素不相孚，言语亦多隔阂，统驭调度之难，盖可想见。苟非共矢忠诚，无猜无二，或难免不蹈既往之覆辙。欲求和衷共济，则惟有恪遵先哲遗言，自统将先办一副平恕之心始，功不独居，过不推诿，乃可以言破敌。

十一、兵　机

曾、胡之论兵，极主主客之说，谓守者为主，攻者为客，主逸而客劳，主胜而客败，尤戒攻坚围城。其说与普法战争前法国兵学家所主张者殆同，其时俄、土两国亦盛行此说。其论出师前之准备宜十分周到，谓一械不精不可轻出，势力不厚不可成行，与近今之动员准备用意相合。其以全军破敌为上，不以得土地城池为意，所见尤为精到卓越，与东西各国兵学家所倡导者如出一辙。临阵分枝宜散，先期合力宜厚，二语尤足以概括战术战略精妙处。临阵分枝者，即分主攻助攻之军，及散兵援队预备队之配置等是也。先期合力者，即战略上之聚中展开，及战术上之开进等是也。所论诸端，皆从实行后经验中得来，与近世各国兵家所论若合符节。

十二、战　守

右揭战守之法，意括而言赅，曰攻战，曰守战，曰遭遇战，曰局地战，以及防边之策、攻城之术，无不独具卓识，得其要诀。虽以近世战术之日新月异，而大旨亦不外是。其论夜间宿营，虽仅一宿，亦须深沟高垒，为坚不可拔之计。则防御之紧严，立意之稳健，尤为近世兵家所不及道者也。

曾、胡论兵极重主客之见，只知守则为主之利，不知守反为客之害。盖因其时所对之敌，并非节制之师精练之卒，且其人数常倍于我，其兵器未如今日之发达，又无骑炮两兵之编制，耳目不灵，攻击力复甚薄弱，故每拘泥于地形地物，攻击精神末由奋兴，故战术偏重于攻势防御，盖亦因时制宜之法。近自普法、日俄两大战役以后，环球之耳目一新，攻击之利昭然若揭。各国兵学家，举凡战略战术，皆极端的主张攻击，苟非兵力较弱，或地势、敌情有特别之关系，无复有以防守为计者矣。然战略战术须因时以制宜，审势以求当，未可稍事拘滞。若不揣其本，徒思仿效于人，势将如跛者之竞走，鲜不蹶矣。兵略之取攻势固也，必须兵力雄厚，士马精练，军资（军需器械）完善，交通便利，四者均有可恃，乃足以操胜算。四者之中，偶缺其一，贸然以取攻势，是所谓徒先发而不能制人者也。法普战役，法人国境之师动员颇为迅速，而以兵力未能悉集，军资亦虞缺乏，遂致着着落后，陷于防守之地位。日俄之役，俄军以交通线仅恃一单轨铁道，运输不济，遂屡为优势之日军所制，虽迭经试取攻势，终归无效。以吾国军队现势论，其数则有二十余镇之多，然续备、后备之制尚未实行，每镇临战至多不过得战兵五千，须有兵力三镇以上方足与敌一镇之兵相抗衡。且一有伤亡，无从补充，是兵力一层决难如邻邦之雄厚也。今日吾国军队，能否说到精练二字，此稍知军事者自能辨之。他日与强邻一相角逐，能否效一割之用，似又难作侥幸万一之想。至于军资、交通两端，更瞠乎人后。如此而曰吾将取战略战术上最有利之攻势，乌可得耶？鄙意我国数年之内，若以兵戎与他邦相见，与其孤注一掷之举，不如采用波亚战术，据险以守，节节为防，以全军而老敌师为主，俟其深入无继，乃一举歼除之。昔俄人之蹴拿破仑于境外，使之一蹶不振，可借鉴也。

蔡锷

在蒙自军政警各界欢迎会上的演说

1912年（民国元年）8月

鄙人今日辱承军政警三界欢迎，并进以祝词，奖饰溢量，自问无以负诸君之厚望，殊增惶悚。

鄙人此次巡阅南防，不能不经过蒙自一次者，诚以今之蒙自，非前此闭关时代之蒙自所可同日语。考诸蒙自之隶版图，始于元宪宗七年立蒙自千户。至元十三年，改为县，隶临安路。唐宋以前，尚荒裔无稽。自前清辟为商埠，株守一隅之蒙自，一变而为商业竞争之蒙自。自滇越铁道告成，商业竞争之蒙自，再进而为国防重要之蒙自。故蒙自之安危，直接为一省之关系，间接则一国之关系也。去岁反正，虽小有变动，如天之福，不日敉平，尚未贻误大局。此皆军政警竭力弹压之功，用能保卫安宁，维持秩序。此后内政外交，尤当力求进步，勿仅以恢复原状为能事已毕，此则鄙人所希望于诸君者也。

抑更有进者，吾辈之实行革命，宁牺牲巨万之生命财产而不顾者，原为改良腐败之政府计，故破坏为建设而破坏，非为破坏而破坏也。破坏而不能建设，不第不为功之首，且为罪之魁矣。虽然，破坏固易言之，建设则难言矣。譬之改造房宇，焚毁摧倒，一举手可以奏功。至大启尔宇，始而庀木，继而鸠工，非惨淡经营，永无大厦落成之日。

溯自武汉倡义，以至南北政府统一之日，相距仅数阅月，同时达政治种族革命之两目的。视美之血战六年，法之流血八十年历仅得之者，吾国则以最短之时间、最廉之代价购之，此足为破坏最易之征。德意志联邦毕士麦竭毕生之心力，始克统一完成。加富尔之于意大利，其力任巨艰，与毕士麦同，而迭经波折，不获永其天年，至今国势犹未达圆满之域。即以吾国而论，自政府统一而后，南北隔阂，意见未消，政党勃兴，竞争剧烈，内则兵变频闻，外则风云日亟。内阁迭更，国务院如暂住之大旅馆；

舆论未张，参议院如新制之留声器。此皆民国前途之悲观，亦建设维艰之一般也。然吾辈既任破坏于前，自当力任建设于后。进行之法，惟永矢忠贞，和衷共济而已。

夫共和以人民为主体，譬之一家之主人翁也。为公家服务者，则为公仆。仆从而负主人之委托，不克称职，是为不忠，从而家道衰微，不陷主人翁于流离失所之惨境不止，仆之罪不胜诛矣。公仆之对于国家何以异是？和衷共济，为共和国之真精神。譬之肩舆然，前者唱许，后者喝邪，则进步自促，无中途竭蹶之虞。廉、蔺相下，则秦兵不前；洪、杨交哄，而大业以坠。自古已然，于今为烈。区区之私，愿与诸君共勉之。

在蒙自绅商学各界欢迎会上的演说

1912年（民国元年）8月

今日承绅商学各界欢迎，使鄙人得与父老子弟相见于一堂，不可无一言以答诸君之雅意，借以展鄙人之愚忱。

诸君亦知吾辈倡言改革，必摧倒专制，建设共和，其目的之所在乎？缘专制国以君主为神圣不可侵犯，土地视为私产，人民视为奴隶，故挥霍财产有如泥沙，草菅人命有如牛马。恣睢暴戾，听其所为，人民不得而干涉之纸抗之。以此，人民无国家观念，理乱置之不闻。而对国家负责任者，厥唯君主一人。下此仅有少数臣工，仰其鼻息，代君主而负担之。此种国家，在锁港时代犹堪闭关自雄，一旦与欧美文明国遇，如摧枯拉朽，岌岌不能终日。前清晚季，所以削弱而不能自存者，职是故也。共和国则不然，人民即一国之主体。凡制定宪法，推举总统，选任议员，皆出自一般人民之公意。故人民对于国家，立于最高无上之地位，即对于国家负无穷之义务，担无限之责任。上下一体，万众一心，乃能共济艰难，匡扶大局。美、法今日所以擅雄世界，职此之由。吾国自去秋武汉倡义以来，不数月而掀翻专制，得与美、法列强相见于二十世纪之大舞台，何幸如之。他日制定宪法，自当采其所长，弃其所短，以收折中尽善之益。至于内力之充实，须视人民自治之能力以为衡。如美之中央政府仅总揽外交、军政、用人诸大权，即总统之权限亦仅在乎此。各州之分政府，号有特权，其实不过将关于集权之事，间接递之中央。其中坚而饶有势力者，则最下级之自治团体也。如教育、实业、交通以及卫生、慈善诸要政，皆地方自治团体负完全责任，而无事中央及各州分政府之过问，稍闻国政者所共知也。自治发达，则内力自然充实，然后可言对外。一旦国际有伤平和，取决武力亦非难事。况事事展布于平日，即可以保武装之平和。如滇地多山，富于矿产，多方开采，货不弃地，外人自无从垂涎。交通不便，能广兴路政，使铁道、电车、马路次第发达，既可以钳制列强铁道政策之野心，而已失之路矿权，亦可徐图收回，作亡羊补牢之计。再进而推广学校以谋教育之普及，改良警察以保地方之安宁，岂第自治之能事已毕，即折冲御侮之宏漠具于是矣。虽逼处强邻，夫何畏哉！孟子曰："夫人必自侮而后人侮之，国必自伐而后人伐之。"又曰："入则无法家拂士，出则无敌国外患者，国恒亡。"明训昭然，可深长思。愿与诸君共勉之。

蔡锷

在个旧各界欢迎会上的演说

1912年（民国元年）8月

鄙人巡阅到个，今日承各界欢迎，得与诸君接洽，曷胜荣幸！际此盛会，不可无一言以为诸君勖。

溯自云南反正，继湘鄂之后援，倡黔粤之先声，西南大局视此为转移，影响民国至为伟大。但反正之初，本省则特为危险。缘滇省接壤强邻，前清时代已有朝不保夕之虞，一有不慎，动贻外人以口实而祸患随之，鄙人当日窃以为隐忧。乃义旗既树，如斯响应，风声所播，迎刃而解。对内则匕鬯不惊，对外则怀柔备至，苟非各界深明大义，曷克臻此？前此外人谓吾国人民无改造政府之能力，即吾国政界之稳健派，亦深以人民程度未齐难倡改革。岂意武汉发难，各省靡然从风，不数月而掀翻专制，五族共和，遽开五千年未有之创局。此固各国所不及料，而吾国对于外人轻视之言，差堪雪耻者已。虽然，破坏既终，建设伊始，方针一错，登岸无望。勿以前此破坏之功为大可恃，勿以后此建设之业为遽可期。自南北统一以来，各省则兵变频仍，政党则竞争剧烈，兼以日俄联盟，瓜分将兆，蒙藏离析，瓦解可忧。丁此危局，即众擎以举，一致进行，犹恐巨浪狂风之压迫，无出险之望。此鄙人对于民国前途甚抱杞忧，窃愿与诸君同舟共济，力挽时艰者也。抑更有进者，个旧自宋以前犹沦荒裔，自锡矿发见以来，人争趋之，以此户口繁滋，商务殷盛，遂成吾国惟一著名之锡厂。前清光绪十一年，将双水同知移驻于此，诚以一省富源攸关，故较他属特为注重。鄙意此间锡矿倘能竭力提倡，开采得法，每年所入当不止四五千万元。改良之法，若从根本着手，非从事教育不可。若建设一矿业学校，研究开采冶金等术，一便实地练习，二免借才异域。数年之后，当改旧观。为急，则治标之计，亦宜渐变土法，广聘矿师，开采冶炼，均用机器。一资本家之力量不足，则合众资本家以谋之。如此则获利必厚，厂主无倒闭破产之虞，砂丁鲜沉沦地狱之苦。然后再筹畅销之路，从事路政，以铁道为主，以马路为辅。输出之品，滇越铁道公司不至垄断其利，价愈廉，则销路愈广。输入之品，源源接济，不至米珠薪桂。十年之后，所谓黄金世界者，殆无以易之矣。勉旃！

蔡锷

护国岩铭 并序

1916年（民国五年）6月

中华民国四年，前总统袁世凯叛国称帝，国人迷之，滇始兴师致讨，是曰护国军，锷实董率之。逾年，师次蜀南，与袁军遇于纳溪，血战逾月，还军大洲驿，盖将休兵以图再举。乃未几而粤桂应，而帝制废，而袁死，而民国复矣。嗟乎，袁固一世之雄也，挟熏天之势，以谋窃国，师武以力，卒毙于护国军一击之余。余与二三子军书之暇，一叶扁舟，日容与乎兹岩之下。江山如故，顿阅兴亡，乃叹诈力之不足恃，而公理之可信，此岂非天哉！世或以蹔袁为由吾护国军。护国军何有？吾以归之于天，天不得而名，吾以名兹岩云尔。铭曰：

护国之要，惟铁与血，
精诚所至，金石为裂。
嗟彼袁逆，炎隆耀赫，
曾几何时，光沉响绝。
天厌凶残，人诛秽德。
叙泸之役，鬼泣神号，
出奇制胜，士勇兵骁。
鏖战匝月，逆锋大挠，
河山永定，凯歌声高。
勒铭危石，以励同袍。

文章书信

蔡锷

秦始皇功罪论

（一八九八年九月）

千古之罪，未有一人成之者；千古之功，未有一人树之者。尧不得舜，必为鲧惑已；舜不得皋陶，必为耽瞍惑已；武王不得姜召，必为管蔡惑已；桓公不得仲，必为竖刁诸人惑已。纣有飞廉，故其暴成；平有无费，故其奸成；蜀有黄皓，故其亡成；魏有司马，故其篡成；宋有京桧，故其和成。秦得非然欤？有商鞅而井田废成，诗书燔成，宦游禁成。有穰侯而奢侈成，吞噬成；有白起、蒙恬而杀戮成，残酷成。始皇被臣下之锢蔽，困数祀之遗规，非心为此也，势此也。非自然之势成之，不获已之势成之也。始皇痛当世之士各以其缯缴之说以弋其上，所用非所吐，所吐非所用，此其禁宦游、燔诗书之不获已也。痛周天下之亡，亡于诸侯，诸侯之亡，亡于世卿，此其夷封建为郡邑之不获已也。至其废井田，好杀戮，好奢侈，此其成于祖宗限于臣下之不获已者也。然则无片过乎？曰：始皇乃千古之大罪人也，乌无过！过何？不智民而愚民而已。然亦由于私天下之心不获已。一言蔽之：始皇之功不成功者，不获已也；罪不成罪者，不获已也。师之，当师其所以兴；革之，当革其所以亡，可也。吁！听言不可不慎也，用人不可不慎也，始皇其龟鉴欤！

致湖南士绅书

（一九〇二年）

朔风翔疾，鸿雁南飞，衡山木脱，洞庭水波。目极潇湘沅资，云烟浩淼，不可怀抱。自浮海而东，登三神山，饮长桥水，访三条、大隈之政策，考福泽、井上之学风，凭吊萨摩、长、肥，遍观甲午、庚子战胜我邦诸纪念，而道路修夷，市廛雅洁，邮旅妥便，法制改良，电讯、铁轨纵横通国，警察严密，游盗绝踪，学校会社，公德商情，农工实业，军备重要，日懋月上，不可轨量。国民上下，振刷衔枚，权密阴符，无孔不入，志意遒锐，欲凌全瀛。推其帝国干涉之主义，恐怖坚忍之情形，殆无日不若趋五域之大战，临东西太平洋而有事。以此感激愤厉，抑塞蒸郁。以我四百余州之土地，五百兆众之人民，势利社会，国体精神，一切授人以包办，任人以奴肉，而我主人全家父子兄弟，犹然日日酣嬉，寄傲于水深火热，炮烟弹雨之上，则诚不喻其何衷，而亦实痛其无睹。若使某等镇日守乡里，抱妻子，黜聪坠明，深闭固拒，一无闻睹于外务，则等此黄胄之脑质，亦宁有望今日一得之解乎？语云："若非身历亲见，犹然不悟。"此之谓也。然大悟之下，几天无地以自容。耻独悟而乐同善，妬异族而哀吾类，人之情也。鸟兽晤危难而相告，遇食饮而群呼，何以人而不如乎？是故瞻望乡关，何心天地；憾不插翅朋飞，遍诉梓里。蜻蜓点水，天女行空，美哉国乎！何其夸也！卅年以前，与我奥间，一变之效，乃至于此。究臻何道而然乎？固尝群取其故熟思矣，不过纯用西法而判断决定，勉强蹈厉，稽合国情已耳。敢据间隙，敬聒同胞。当是域锁港保守，日尊王攘夷倾幕府，士气膨胀，漫漶浃全部，几无可收拾矣。而干涉叠侵，内外交难，原野川谷有余烬，隶通任放胡期耳。武门侠烈，两何所识。昏黑阴暗闭塞，有甚吾国迩来矣。然而专制主权承其乏，一举而废幕治，破排外，改维新，以五誓结社会，握朝政之大原，虽正朔服色，男子之发刀，妇女之眉齿，数千龄悠久胶牢深锢之弊俗，不难自皇与后一旦革换而晶莹。

蔡锷

噫！何其知黯之悬绝，强弱之殊途，同异之迥判，而前后情实刺谬若彼也！识者曰：是幕府与有绩，不可没也。当明治以前，资遣青年留学欧美，维新诸杰遂有影响，幕府之力也。治和兰学，幕府数百年所养之士也。福泽谕吉首倡祖论，尽输文明，承幕府盛行文学以后也。具兹三因，而欧美蓝革籍积渐东瀛，拉丁、英、法、俄、德蟹行字，尽变平片假名杂汉文矣。然则日皇因尊焉倾焉而复权可也；复权而能破攘焉排焉主开放，能纯用西法革旧制俗，变本加厉，踵事增华，益甚幕府所为矣。不知排攘者乌成其为排攘？而奚以为情？曰：是亦因耳，而非日皇智且力径能违决及此也。因何在？以国民原反动力之理想故。理想何在？在译书尔。书何云？欧美治化之文明尔。文明译书遍大陆，而胡以感东瀛著独猛效？曰：欧之化，其理想胎于文，其精神胎于武。精神武而文中之理想实靡，非武精神也。是故甚大因果，违谬甚繁。喷！非博深名群演哲之奥，洞澈大陆三宗之微，不能一语尽而一夕通也。夫以武精神而能力扩文理想，重以文想之武命，虽有物号称绝笨重，不患不举矣。欧洲近三期之进步，大抵希、罗以来之武命文想基之也。而东瀛自上古草昧，文想武命已混合一气，成不解缘。即徐福三千东渡，可谓奇侠绝伦。神道怪玮，足涌志气于九天之崇，喷热血于大瀛以外。特别性质，于斯定矣。汉、唐、宋、明以来，遣学同文，遣僧说法。中原之文物制俗，一效即工。流幻变迁，亦靡不改移竞争，期于符轨和魂汉才，自成风气。全国佛徒，卓绝闳放。善审时变，而必达所希。飞扬跋扈，而独立无倚。自大秦凿通智识，斗革破坏治化，日月一新，巨细精粗，消纳无遗。和胆洋器，乃隽语耳。然而文想以之横溢，武命以之暴吼。综其原有之精神，实不过提刷逾出耳，改进加良耳，非别创天地而现旧天地也。无他，想耳，武耳。夫以日本掺合中、西、印度三佛物，重以自出之精神，而窜益新法，以合其因体之程度，间接之倪鄂而遂有今日，遂为东洋历史上独一无二，善变善学，精进不退之祖邦，无可讳也。而我中国尤彼之文物制俗最先且老之大祖，亦无能讳且美谭也。然而，我中国近日则文而不想甚矣，想而不武尤甚矣。虽曰有深结莫解之大缘，如世所称之政教学社乎？然我大圣杰贤如孔、孟，伟儒绝学如墨、惠、邹、老、庄、列；三代以下，英君如秦皇、汉武，察相如魏武、诸葛、王猛、李德裕、王安石、张居正、曾文正、左文襄、李文忠之徒；俗尚如幽燕、山西、黔、滇、楚、粤；社会如战国侠烈田横五百，东汉明季之国民，何尝不雄武绝伦，勇敢判断，而其他文想瑰绝，武命壮绝，沙数斗量，何可胜道。而胡以退步疾速，智力德育，优柔沈痼，致俾

大社之局面一败灰墨如此也夫！抑其文想之极度，尚与武命相悬绝，而不免于儒耶？抑其武命之极度，尚与文想相悬绝，而不免于莽耶？以故我一社文学之偏胜，不得不穷极焉，矫而有以补救之也。今将以绝学之前辈，文明之祖邦，虚心折节，下而从事问学于明强渊侈之后进，阅历广远之新都。地则同洲，人则同种，学则同文，社则同俗，过度易而鉴戒近，激发深而裨益宏，盖舍日本莫与也。夫人老难与谋新，国老难与图变，而地小则事易举，势大则功难为，此天下之至情也。大地如英、法、俄、德，皆天下之新邦，政教、学术先取于人，而已乃扩张之也。若埃及、印度、犹太、突厥、希腊罗马之数，非灭即弱，此皆天下之旧国，政教、学术创之于己，自足过甚，自信太深，而久乃浸寻衰败也。夫日本，固于下之新国也，政教学术素取于人，而力足以张于己矣。而又三岛小国也，悬居海中，阻绝一切，危亡易见，民气易团，背水阵也。神道狂侠，不饬边幅，轻而易动，无呆板心。伊吕波文，妇孺咸喻，无精深心。吊从古之战场，谒大贤之名墓，谭宋明之理学，慕历史之英雄，有观感心。诸侯养士，文武抗历，有竞争心。是皆明治以前事，足以助文想、激武命者也。然而至今数维新之大杰，揽志士之盛名，莫不共推三藩士。三藩士之中，莫不独推萨摩之西乡南洲翁。夫中国（者），固天下之旧国也，政教学术，创之于己，地大人众，不可强为。然而自戊戌变政来，湖南则惭愧薄有萨摩人之誉。夫湖南僻在中国之南方，政教学术，大抵取索于中原，而非己有矣；则湖南者，亦犹罗马之英、法，可谓能有新机耳。特湖南省也，英、法国也，同异之间，如是而已。今以萨摩喻湖南，夫抑不无影响耶？虽然，以人地壮广众盛论，综湖南全部可以敌日本，而其膏沃殷富且无论。然则萨摩向足况湖南？其士之伟博壮烈，又何足比湖南？吾甚羞湖南有兹誉，近于以孩提之智慧，矜奖成人之骁蠢而偶变者也。然则今或以湖南之一县，而代表其有萨人之风，殆犹之可也。不然，而其毋以为荣，且毋乃滋恶。虽然，名亦实不易副矣，今且无论湖南之一县，不足以配萨摩也，然吾即恐吾湘全部之人才，犹未足以妄冀萨人士。何则？彼日本既小邦，则日本变法，固应自有小萨摩，而小萨摩则竟足以变日本矣，是其实已至也。是故地虽小而成名大，所以为荣也。今我中国既大邦，则中国变法，而欲比例日本也，固应自有大萨摩，而大萨摩至今五年未闻足以变中国矣，是其名不副也。是故地虽大而实无有，所以为恶也。且不特此也，彼欧美交通，中先于日，外患之迫，中同于日；而日本三藩之所为，则卅年以前之事也。虽曰大小之殊形，社会之异势乎，然其悖于物竞强权之理则

蔡锷

多矣。今者亡羊补牢，解嘲聊慰，情见势绌，知者尚希。属值我国家兴学育士，淬厉图新，凡我国民，固当人人持爱国之诚热，以日相推挽摩擦，而有以应之也。湖南素以名誉高天下，武命自湘军，占中原之特色，江、罗、曾、胡、左、彭沾丐繁多。人人固乐从军走海上，以责偿其希冀矣。文想则自屈原、濂溪、船山、默深后，发达旁皝，羊角益上，骎骎驶入无垠之哲界矣。然而终觉所希之犹狭狭也。今某等留学此都，日念国危。茹辛含苦，已匪伊夕，触目随遇，无非震撼，局外旁瞩，情尤显白。彼中政府举措，社会情形，书报论说，空际动荡，风声鹤唳，动启感情。又湖南夙主保守，近稍开放。壮烈慷慨，凿险缒幽，故其学派，又近泰西古时斯多噶。至于开新群彦，其进步之疾速，程度之高深，凡夫东西政法科学之经纬，名群溥通之谭奥，语言文字既通，沈潜探索有日，斐然可观，足饷友朋也。时难驱迫，两美合符。通西籍则日力维艰，求速便则惟有东译。及今以欧美为农工，以日本为商贩。吾辈主人，取而用之，足敷近需。其后学界超轶，文治日新，方复自创以智人，庶俾东西而求我。当斯时也，其尚有以铁道电线为隐忧者耶？总之，我湖南一变，则中国随之矣。报国家而酬万民，御外族而结团体，天下无形之实用，固有大于斯者乎？此所以不避烦渎，为同胞謦陈也。顷各省咸集巨款，开译局，殆此志也。知我湖南必不让焉。缘译事重大，或为全国教育章程、科学及理法、实业起见，或为沟通全省修学艚下志士起见，或为溥智兆民，弥消教祸起见，或为提红给费，资助寒素留学远游起见，或为竞争商务，预防外人干预版权起见，目的繁多，悉根爱国，无他谬见也。尤复斟酌和平，力主渐进，顾全大局，维持同类。是数端者，窃愿我全省达宦长者，热血仁人，普鉴苦衷，提倡赞成，集成巨股，则他日三藩武烈之猷，忠君爱国之实，未必不骈觌推毂我湖南矣。要之，以新国而能输受旧学，扩张新学者，罔不兴；以新国而能浸隶旧学，绝弃新学者，罔不亡；以旧国而能扩张旧学，输受新学者，罔不兴；以旧国而能浸隶旧学，绝弃新学者，罔不亡。新旧兴亡之数，约略四端，可以尽也。爱国君子，其有意乎？湘中志士，其有意乎？南望风烟，心怛恻矣！邦人诸友，兄弟父母，尚何念哉！读《小雅》则知之矣。区区同舟，不尽多言。

军国民篇

(一九〇二年)

甲午一役以后,中国人士不欲为亡国之民者,群起以呼啸叫号,发鼓击钲,声撼大地。或主张变法自强之议,或吹煽开智之说,或立危词以警国民之心,或故自尊大以鼓舞国民之志。未几而薄海内外,风靡响应,皆惧为亡国之民,皆耻为丧家之狗;未几有戊戌变法自强之举。此振兴之自上者也。逾年有长江一带之骚动,此奋起自下者也。同时有北方诸省之乱,此受外族之凭陵,忍之无可忍,乃轰然而爆发者也。文字之力,不亦大且速哉!昔中国罹麻木不仁之病,群医投以剧药,朽骨枯肉,乃获再苏,四肢五内之知觉力,逐日增加。然元气冷零,体血焦涸,力不支躯,行仡起卧,颤战欲仆,扁和目之曰,疾在筋骨,非投以补剂,佐以体操,则终必至厥痿而死矣。人当昏愦于睡梦之中,毒蛇猛兽,大盗小窃,环而伺之。惧其不醒也,大声以呼之,大力以摇之;既醒矣,而筋骨窳弱,膂力不支,虽欲慷慨激昂,以与毒蛇、猛兽、大盗、小窃争一日之存亡,岂可得哉!中国之病,昔在神经昏迷,罔知痛痒;今日之病,在国力孱弱,生气消沉,扶之不能止其颠,肩之不能止其坠。奋翮生曰:居今日而不以军国民主义普及四万万,则中国其真亡矣。

军国民主义,昔滥觞于希腊之斯巴达,汪洋于近世诸大强国。欧西人士,即妇孺之脑质中,亦莫不深受此义。盖其国家以此为全国国民之普通教育,国民以奉斯主义为终身莫大之义务。帝国主义,实由军国民主义胎化而出者也。盖内力既充,自不得不盈溢而外奔耳。

日人有言曰:军者,国民之负债也。军人之智识,军人之精神,军人之本领,不独限之从戎者,凡全国国民皆宜具有之。呜呼!此日本之所以独获为亚洲之独立国也欤。日本之国制,昔为封建,战争之风,世世相承,刚武不屈之气,弥满三岛。蓄蕴既久,乃铸成一种天性,虽其国之儿童走卒,亦莫不以"大和魂"三字自矜。"大和魂"者,日本尚武精神之谓也。区区三岛，其面积与人口，遥不及我四川一省；而国内山岳纵横，无大川、长河，故交通之道绝；举全国财力，仅及百二十万万，其民之贫乏无状，可以概见。然而能出精兵五十万，拥舰队二十五万吨，得以睥睨东洋者，盖由其国人之脑质中，含有一种特别之天性而已。

汉族之驯良懦弱，冠绝他族。伈伈俔俔，俯首帖耳，呻吟于异族之下，奴颜隶面，恬不为耻。周之于西戎，汉之于匈奴，晋之于五胡，唐之于突厥，宋之于金辽，明之于今清，今之于俄、于英、于法、于德、于日本、于意奥、于美利坚，二千余年以来，鲜不为异族所践踏。铁蹄遍中原，而中原为墟。虐风所及，如瓦之解，如冰之判〔消〕。黄河以北之地，俨为蛮族一大游牧场。呜呼！举国皆如嗜鸦片之学究，若罹癫病之老妇，而与犷悍无前之壮夫相斗，亦无怪其败矣。尾崎行雄于甲午之岁著《支那处分案》中，有一段最能探汉族致弱之病根。其言曰：

"国民之战斗力，保国之大经也。一国之内，地有文武之差，民有勇怯之别，如九州之壮武，中国之文弱是也。天下之大，种族之多，国民有勇怯文武之差异，固亦理势之当然已。自历史上之陈迹征之，支那人系尚文之民，而非尚武之民；系好利之民，而非好战之民。今日支那之连战连败者，其近因虽多，而其远因实在支那人之性情也。"

又曰：

"清兵之战也，莫不携有旌旗、两〔雨〕具、锣鼓、提灯等件，骤见之实堪骇异，苟知战者，其不携此无用之长物必矣。"

又曰：

"余尝注释支那之所谓战字，谓为旗鼓竞争会。支那文人叙两军对峙之形势，每曰'旗鼓相当'，可知支那之所谓胜败，不过曰旌旗多而鼓声壮则胜，否则败而已矣。"

又下断言五项，谓中国永无雄飞之望。今复摘译之于下：

"A、支那民族之性情习惯，尚文好利，非尚武好战。

B、以尚文好利之民，虽积节制训练之功，亦不能匹敌尚武民族。

C、支那人乏道义心，上下交欺，恬不可怪，毕竟不能举节制训练之实。

D、支那无固有之军器。其所谓军器者，非杀人器，而吓人

器也。

E、既无军器，故无战争之理。支那人之所谓战者，不过旗鼓竞争会而已耳。要而论之，支那人之战斗力，自今以往，其必沉沦于水平线以下矣。如斯民族，处今日战争最剧之世界，而欲保全其独立也，能乎？不能。"

尾崎者，日本前文部大臣，而今政友会之领袖也。彼当日之为此言也，虽曰为鼓舞其国民之敌忾心而发，然按之实际，则毫发不爽。抚心自问，能无惭然。夫流之浊也，非其本质之浊，必有致浊之由；本之朽也，非其本质之腐，必有致腐之因。汉族之坠落腐坏不堪，以致于此极者，抑亦由于有多少无形之原因所致耳。谓予不信，请概举其例：

一、原因于教育者

教育者，国家之基础，社会之精神也。人种之强弱，世界风潮之变迁流动，皆于是生焉。东西各强国，莫不以教育为斡旋全国国民之枢纽。教育机关之要津在学校，故儿童达期不入校者，罚其父兄。既入学也，其所践之课程，皆足发扬其雄武活泼之气，铸成其独立不羁之精神焉。美国者，世界所称为太平共和、固守门罗主义之国也。然其小学学童所歌之词，皆激烈雄大之军歌也。吾尝检译日本小学读本全籍，多蓄爱国尊皇之义，而于中日海陆战争之事迹，尤加详焉。其用意所在，盖欲养成其军人性质于不知不觉之中耳。夫图画一课，末艺也，而有战舰、炮弹、枪炮等幅，其用心之微，固非野蛮诸邦国所得而知之矣。日本尚如此，而况欧美诸强国哉！

中国教育界之情形，综错不一，故难一律概之。然小学时代之为学状态，虽万里以外，犹出一辙也。夫自孩提以至成人之间，此中十年之顷，为体魄与脑筋发达之时代。俗师乡儒，乃授以仁义礼智、三纲五常之高义，强以龟行鼋步之礼节，或读以靡靡无谓之辞章，不数年，遂使英颖之青年，化为八十老翁，形同槁木，心如死灰。受病最深者，愈为世所推崇。乃复将其类我之技，遗毒来者，代代相承，无有已时。呜呼！西人谓中国为老大帝国，夫中国既无青年之人，乌复有青年之国家哉！欧美诸邦之教育，在陶铸青年之才力，使之将来足备一军国民之资格；中国之教育，在摧残青年之才力，使之将来足备一奴隶之资格。以腐坏不堪之奴隶，战彼勇悍不羁之国民，乌见其不败耶！乌见其不败耶！

二、原因于学派者

　　宗教之移人也，亦甚矣哉！奉穆汗默德教之民，则有轻死好战之风，奉耶稣教之民，则有博爱坚强之风；奉佛教之民，则有勘破生死、屏绝利欲之风（此惟指日本而言。若中国、若印度、若暹罗，则悬然无足观矣，盖所奉者非佛也）。以上诸教皆与军国民有绝大之影响。故苟奉以上诸教之邦，其国民之性质未有不弘毅尚武，得以凌制他族者焉。中国无宗教，而有学派代之，故一国之风尚，皆学派之熏染力所造也。中国学派，可析之为二大宗教：一曰孔派，一曰老派。孔派主动，老派主静；孔派主进取，老派主保守；孔派主刚，老派主柔；孔派主魂，老派主魄；孔派主实，老派主虚；孔派主责任，老派主放弃；孔派主群，老派主分；孔派主争竞，老派主退让；孔派主博爱，老派主自私。要而论之，孔派含尚武之精神，老派含贱武之精神是也。此孔、老二派最相冰炭之处也。二千余年以来，学界内之战云争雨，此二派实互为楚汉，胜败之机，迄今尚未决也。而自俗眼视之，素王之道，经刘、孔、韩、周、朱、程之阐发大义，加以历朝民贼独夫之推崇，赫赫炎炎，如红日之丽中天，如流水之出三峡，电驰风发，旁魄中原，举国之大，莫不入其彀中。李耳一派，则黯然寡色，无复有生气矣。然核其实，则有大谬不然者焉。夫刘、孔、韩、周、朱、程之徒，名为孔派之功臣，实则孔派之蟊贼。此种蟊贼，谓之老派可也。故蟊贼之力愈大，则孔派之精神愈泯，老派势力遂得以泛滥天下，流毒万代，根深柢固，牢不可破。民贼独夫，复从而鼓浪扬波，巧立推行之方法，务使老派精神普及人间，则世世子孙可以永有其产业而无所虞。于是，学界中之亡鹿，遂为老派所独擒矣。虽有陆、王、颜（习之）、黄（梨州）之崭然杰出，亦不能挽彼颓波于既溃之秋，可慨矣夫。呜呼！中国之孔派，非孔派也，张孔派之旗鼓，而为敌派之内应耳。学派者，国民思潮之母。中国思潮之敝陋，至今日而达极点，非一洗数千年之旧思潮而更新之，则中国国民其永就沉沦之途已，安得二路德其人，推翻伪孔，而使真孔重睹天日哉！

蔡锷

三、原因于文学者

读《出师表》，则忠义之心油然以生；读《哀江南》，则起亡国之悲痛；披岳武穆、文文山等传，则慷慨激昂；览《山海经》、《搜神记》等籍，则游心异域，人之情也。独怪夫中国之词人，莫不模写从军之苦与战争之惨，从未有谓从军乐者。盖词人多处乱世，而后有辞章之材料，穷凿鬼工，悲神泣鬼，动魄惊心，使读者悲恻怆凉，肝胆俱碎。虽烈士壮夫，苟游目一过，亦将垂首丧气，黯然销魂，求所谓如"不斩楼兰终不还"之句，则如麟角凤毛之不可多得。若是，则国民之气，独得不馁且溃耶！而文学之中最具感化力者，莫如小说。然中国之小说，非佳人则才子，非狐则妖，非鬼则神，或离奇怪诞，或淫亵鄙俚。要而论之，其思想皆不出野蛮时代之范围。然而中上以下之社会，莫不为其魔力所摄引，此中国廉耻之所以扫地，而聪明才力所以不能进步也。

四、原因于风俗者

谚曰："好汉不当兵，好铁不打钉。"此语也，虽穷乡僻野之愚夫愚妇，亦常道之，而长者每持此以为警励后生之格言。呜呼！兵者，国家之干城。国民之牺牲，天下之可尊可敬可馨香而祝者，莫兵若也。捐死生，绝利欲，弃人生之所乐，而就人生之所苦，断一人之私，而济一国之公，仁有孰大于兹者？而乃以贱丈夫目之，不亦奇乎！余未亲历欧美，于欧美之风俗，绝无所接触。而日本社会上之于军人也，敬之礼之，惟恐不及。其入营也，亲族邻里醵资以馈之，交树长帜以祝之，厚宴以飨之，赠言以励之。子弟之从军也，父母以为荣，兄长以为乐。游幸登临之地，军人可半额而入之，饮食衣服之肆，于军人则稍廉其值。其行军于野也，则乡人曲意优待之如宾。苟临战而遁逃避匿，或作非行以损全军之名誉，一经屏斥，则父母、兄弟、邻里、亲族引为深耻奇辱，生者有生之辱，无死之荣。是以从军者有从军之乐，而有玷名辱国之畏。故当出乡之日，诀别于其亲曰："此身已非父母有矣。"呜呼！以吾国之贱丈夫，而与彼劲悍无前之国民兵战，是犹投卵于石，热雪于炉而已。

五、原因于体魄者

严子之《原强》，于国民德育、智育、体育三者之中，尤注重体育一端。当时读之，不过谓为新议奇章。及进而详窥宇内大势，静究世界各国盛衰强弱之由，身历其文明之地，而后知严子之眼光之异于常人，而独得欧美列强立国之大本也。野蛮者，人所深恶之词。然灵魂贵文明，而体魄则贵野蛮，以野蛮之体魄，复文明其灵魄〔魂〕，则文明种族必败。罗马人之不能御日耳曼林中之蛮族（条顿人族，即现世英、美、德、荷等邦民族），汉种之常败于蒙古，条顿、拉丁二人种之难以抗斯拉夫（俄罗斯民族），德军之优于法，日军之优于欧美，皆职此之由也。

体魄之弱，至中国而极矣。人称四万万，而身体不具之妇女，居十之五；嗜鸦片者，居十之一二；埋头窗下，久事呻吟，龙钟惫甚而若废人者，居十之一。其他如跛者、聋者、盲者、哑者、疾病零丁者，以及老者、少者，合而计之，又居十分之一二。综而核之。其所谓完全无缺之人，不过十之一而已。此十分之一中，复难保其人人孔武可恃。以此观之，即欧美各强弃弹战而取拳斗，亦将悉为所格杀矣。

斯巴达者，欧洲上古史中最强盛之国也。推彼致强之由，则其国法以国民之生命、财产、名誉，均不得不供之国家。故人之生也，不问男女，皆由国家鉴定其体魄之强弱优劣而去留之；苟羸惫不堪，则弃之不顾也。强而优者，受家庭教育于膝下者七年；七岁而后，乃离家以受国家之公共教育。其教育则专注重于体育。从军之期，至六十乃止，故遍国皆健男。是以雄霸希腊，永世不替者，职此之故也。德皇威廉第二世，曾演说于柏林之小学校，曰："凡吾德国臣民，皆莫不宜注重体育。苟体育不振，则男子不能负当兵之义务以捍卫国家，女子不能胎孕魁杰雄健之婴儿，若是则有负国家"，云云。陆师之雄，冠绝环球，得无故欤！

昔斯巴达之雄霸希腊，罗马之峙立欧洲，蒙古鞑靼人之横行东方，日耳曼蛮族之战退罗马人种，非有所谓绝伦之智慧者也，不过体力强悍，烈寒剧暑、风雨饥饿，皆足毅然耐之而不觉其苦而已。盖有坚壮不拔之体魄，而后能有百折不屈之精神；有百折不屈之精神，而后能有鬼神莫测之智略，故能负重致远，而开拓世界也。以欧洲之民族观之，拉丁、（法、西、意属之）不如条顿（英、德、美、比、荷属之），条顿不如斯拉夫

蔡锷

（俄罗斯人属之）。拉丁者，将老之人种也。条顿者，既壮之人种也。斯拉夫者，青年之人种也。拉丁似血气既衰时代之人，条顿似血气方刚时代之人，斯拉夫似血气未定时代之人。非仅国势若是也，即个人亦莫不然焉。其尤可畏者，殆斯拉夫人种之俄罗斯乎。盖其国民之野蛮，力足以钳制他种而已。近顷以降，欧美民族日趋文明，体质渐就孱弱，江河日下，靡有已时，具眼之士，窃然忧之。于是，进种改良之念生焉，故体操一端，各国莫不视为衣服、饮食之切要。凡关系体育之事，奖励之方无微不至。曰竞漕，曰击剑。曰竞走，曰击球，曰海泳，曰打靶，曰相扑，曰竞马，曰竞射，曰竞轮（以足踏车竞走也），优者争以重资赠之，或奖以宝星，甚至显职硕儒，亦有逐队竞争，欲博此名誉者。习染既久，乃成为风俗。试观西国之丈夫，有蝼其背、龟其首、气息奄奄者乎？无有也。观其妇女，有鬼气淫淫、迎风欲坠者乎？无有也。欧人体育既盛，复以医学之昌明，卫生之适宜，无怪其魄力雄大，足以气吞五洲，力压他种而有余也。

　　日本自甲午战胜中国以后，因扩张海陆军备，益知国民之体力，为国力之基础；强国民之体力，为强国民之基础。于是，热心国事之俦，思以斯巴达之国制，陶铸大八洲四千万之民众（斯巴达之国法，凡系强健男儿，至七岁则离家受国家公共之教育。其教育专主体育。兵役义务之年限，至六十乃终，而妇女之教育，与男子颇相仿佛，其主旨在勇壮活泼，足以生育健儿云），乃创体育会。而支会亦相继林立，招国中青年而训练之。仅历二载，而各地学校之体操教习，殆皆取自该会。自兹以往，吾恐不及十载，体育会之势力与其主义，必将浸淫三岛矣。日本自布征兵令以来，国民多目为强征血税，繁言啧啧，每有斩竿揭旗之暴举。而今日反谓从军乐者，抑亦由于学校兴而教育昌，教育昌而民智开耳。积热之士，复从而设推行之方，深与国民皆兵主义以助力。日人之兴，其尚无涯矣乎！

　　古之庠序学校，抑何尝忘武事哉！壶勺之典，射御之教，皆所以练其筋骨，而强其体力者也。自一统以后，天下一家，外鲜强敌，内无凶寇，承平日多，乃文弱之气日深一日。洎乎中世，而妇女缠足之风起。迨本朝而鸦片之毒遍洒中夏，茫茫大地，几无完人。二者之外，尚有八股试帖等之耗散精神，销磨骨髓，以致病苦零丁，形如傀儡者，此又其次也。缠足之毒，遍及女流，已及四百兆之半。鸦片之毒，遍及全国，而以西南各省为最盛。综而计之，嗜之者当不下二十兆（据近年统计表，每岁进口之鸦片，价额约在三千万两上下。然输入之数逐岁减少，盖由内地自种之数增多故也），而所谓读书识字一流人物（即八股家等类），亦于二十兆内占去一大部分。由是而言，则堂堂中土，欲求一肮脏丈夫如东西各强国之所谓国民兵者（东西各国，凡为兵者，须先检查其体格、体力、目力、耳力、呼吸力等），岂可得哉！生理学家谓父母羸弱，必不能生健儿，且疾病嗜癖亦流传悠远。祖及其父，父及其子，子及其孙，孙及其玄孙以及耳孙，代代相承，靡有已时。由是观之，中国人口虽逾四万万，其无疾病嗜癖之人，必如凤毛麟角之不可多得矣。遍观当代，默究吾国人之体魄，其免为病躯弱质者，实不数数觏也。天下滔滔，逝者如斯，不有以清其源而澄其流，则恐不待异种之摧挫逼迫，亦将颓然自灭矣。

六、原因于武器者

武器者，国民战斗力中之一大原质也。德何以胜于法？美何以胜于西？国初之八旗何以胜于汉兵？中日之役，海、陆二战何以皆胜于中国？此中胜败之机，武器之良窳，未必绝无关系也。徒手搏虎，昔人所嗤。有谓张空拳足以转战致胜者，是激烈之辈，故为嚣张之语以欺世，非确有把握耳。中国武器已发明于四千年前，然迄今日，犹不出斧、钺、剑、戟、戈、矛、弓、箭之类。洎乎屡次败衄，始知从来之旧物为不可恃。于是，派人出洋学习之议起，未几而制兵之局相断林立。然而经营之十余年，绝无成效可睹。据日本人所调查，则谓使制造局无西人，则不能造无烟火药与其他精密之工程矣。夫日本之炮兵工厂（东京一，大阪一。东京者铸枪，大阪者铸炮）及海军三镇守府，其创办之初，未始不借力西人也。然迨及今日，则几无一人焉。中国之所以不克若是者，以官吏负办事之虚名，而不求实效，局内员司、工役，肥私囊而不计其优劣利害耳。若是，而欲武器之进步，岂可及耶！

尾崎行雄曾有言曰："支那人原系尚文好利之民，故建国二千八百年之久，似未发明一以一击而杀人之武器。观欧阳修之《倭刀歌》与明末倭寇之纪事，足以证之。后晋景延广以孙有十万横磨剑，足以相待等语自傲，此非剑戟以锈败为常之一证乎。不然，何故以磨字自夸耶！欧洲德国之博物馆，虽问藏支那之武器，然均非以一击足以杀人之物。而吾游就馆（陈列战俘品之所）之所藏，如牙山、平壤、旅顺之战利品，亦莫不皆然。故吾可下断言曰：支那无固有之武器。其所谓武器者，非杀人之具，而（系）威吓人之具也。既无武器，乌足言战。其所谓战，与日本欧美诸国

悬绝"云云。中国无尚武之精神，是以无可恃之武器；无可恃之武器，故尚武之精神为之摧抑销磨而不可振也，悲夫！

七、原因于郑声者

记曰："声音之道，与政通矣。"太史公曰："音乐者，所以动荡血脉，流通精神，而和正心也。"又曰："王者制事立法，物度轨则，一禀于六律。六律为万事根本，其于兵械尤所重云。故曰，望敌知吉凶，闻声效胜负，音乐之感人大矣。故孔子所以深疾郑声之淫而惧其转移齐民之心志也。"昔隋开皇中制乐，用何妥之说，而摈万宝常之议。及乐成，宝常听之，泫然曰："乐声淫厉而哀，天下其将尽矣。"时国势全盛，闻者皆讶其妄。末几，乃验。陈后主能自度曲，亲报〔抱〕乐器，倚弦而歌，音韵窈窕，极于哀思。使胡儿阉官和之，曲终乐阕，莫不陨涕，而卒以亡。自秦汉以至今日，皆郑声也，靡靡之音，哀怨之气，弥满国内，乌得有刚毅沈雄之国民也哉！

刘越石被胡骑困围数重，乃终夜奏胡笳，群胡解围而走。斯巴达败于麦斯垺，求援于雅典，雅典遣一善笛者应之，斯人军气为之大振，卒获胜而归。军人之于音乐，尤为关切深巨。今中国则惟有拉〔喇〕叭、金鼓，以为号令指挥之具，而无所谓之乐。兵卒之所歌唱，不过俚曲淫词，而无所谓军歌。至海军则尤为可笑，闻当休息暇闲之际，则互摇胡琴，高歌以自娱。此诚可为喷饭者矣。

日本自维新以来，一切音乐皆摹法泰西，而唱歌则为学校功课之一。然即非军歌、军乐，亦莫不含有爱国尚武之意。听闻之余，自可奋发精神于不知不觉之中。而复有吟咏古诗而舞剑，以绘其慷慨激昂之情者，故汉学家多主持保全诗议焉。

八、原因于国势者

天下一家，则安逸而绝争竞；当四分五裂之局，则人人有自危之念。故争竞心重，而团结以拒外之心生焉，自立以侵人之念生焉。当是之时，团体以内之人民，不得不勇悍轻死，不得不耐劳茹痛，不得不研究争竞，以求自存之道。故风浪疾，则同船共性命之念切矣。蒙古、鞑靼诸人种之所以慓悍勇敢，横行大地者，以其国无完土，逐水草而居，游牧所至，不得不与土人剧战以驱逐之。胜则可席卷其地之子女玉帛，以行一时之乐；

败则走而之他，故永久无安逸之期。苟一经夺据一衣食充盈之地，而得久享其温饱，则其昔日刚强不屈之气，必将潜销默隐，该人种所有之特质，皆绝灭于无影无形之中。元人之领有华夏，本朝之入关完鼎，岂不然哉！岂不然哉！

中国战争最剧时代，莫逾于春秋，故民气之强盛，四千年历史中，实以斯时为最。语有云："楚虽三户，亡秦必楚。"楚僻处蛮方，文明程度远逊中原，尚终古不欲屈于秦人；朔北之地，开化最先，且气候寒烈，民风之刚劲，高出南方之上，其决不欲为强秦所奴隶鱼肉可知矣。自秦一统以后，车、书混同，而国家之观念潜销已。自唐以后，乃专用募兵，民兵之制既废，而国民之义务愈薄已。民惟纳租税以供朝廷之殊求；朝廷惟工聚敛以肆一家族之挥霍，其他则非所问。呜呼！此外寇之侵来，所以箪食壶浆，高举顺民旗，以屈膝马前耳！

虽然，无敌国外患者，国恒亡。中国近二千年来，其所谓敌国外患，不过区区野蛮种族，沓然侵入，末几皆为天演力所败蚀，以致日就消亡。名则曰臣奴亿兆，席卷中夏，实则注川于海洋，适益增其注洋之浩大而已。职是之故，而国民之忧患心与争竞心遂益不振矣。吾闻物理学者曰：凡物之无自动性者，始则难使其动，既动则难冀其静。中国国情，殆类乎兹。自斯以往，其或感欧风美雨之震荡，知生存之维艰，乃发畏惧心、捍卫心、团结心与一切勇猛精进心，中国之前途，庶（几）有望乎。

军国民之乏于中国也，原因万端，不克悉举。其原因中之原因，不外以上八端。然而足使举国若痴若醉，伈伈俔俔，朝为秦奴，暮为楚妾，恬不为怪者，抑职此八端之故而已。

近世列国之军备

自汽机兴而交通盛已，交通盛而竞争烈已。各国有自危之心，于是互相竭精殚神，争求所以相攻相守之道，而铁血主义遂成立国之大本，世界列强无不奉为神训，一若背之即足以亡国者然。此军国民主义之所以逐日以达咸弘光大之域也。今概举列强陆军现役兵与全国人口比较表于下：

国名	全国人口数	现役陆军员	战时员
德	46,844,926人	483,000人	3,000,000人
法	38,138,545	550,000	4,350,000
俄	103,912,640	892,000	3,500,000
意	29,699,785	280,000	……
奥	37,869,000	302,000	1,750,000
日本	42,089,940	150,000	500,000
美	62,600,000	……	8,500,000

由是观之，以中国人口之数而计，则现役陆军员应得四百万众，战时人员应在二千万以上。苟如斯，则虽倾欧美、日本全国之师以加吾，自足以从容排御而有余裕。即使排闼外向，步成吉思汗之旧轨，横冲直闯，以与他族为难，恐巨狮爪牙之下，必无完躯者矣。更将列强之陆、海军费与人口比例表，揭之于左：

国名	陆军费	海军费	人口
英	109,215,540元	97,911,250元（殖民地）	318,796,000人
法	137,663,101	49,433,276	38,138,545
德	135,528,766	16,345,027	46,844,926
意	71,134,490	28,000,000	29,699,785
俄	150,898,657	25,599,033	13,912,640

奥	63,593,777	7,073,891	37,869,000
日	12,810,664	5,639,989	41,089,940
美	……	……	62,600,000

就上表以观之，则国民各人之负担军费，在英六角五分，在法四元八角有奇，在德三元一角有奇，在意为二元四角，在俄为一元四角有奇，在奥为一元八角有奇，在日为四角四分。然则以负担最微之日本揆之，吾国每岁军费当在一百七十兆元以上，而今日政府岁入之数，尚不出一百兆。以言整顿军备，不亦艰哉！

班固《汉书》：殷周以兵定天下，天下既定，戢藏干戈，教以文德。而犹设司马之官，六军之众，因井田而制军赋。地方一里为井，井十为通，通十为成，成方十里；成十为终，终十为同，同方百里；同十为封，封十为畿，畿方千里。有税有赋，税足以食，赋足以兵。故四井为邑，四邑为邱，邱十六井也，有戎马一匹，牛三头；四邱为甸，甸六十四井也，有戎马四匹，车一乘，牛十二头，甲士三人，卒七十三人，干戈具备，是为乘马之法。是以除老弱不任事之外，人人皆兵。故虽至小之国，胜兵数万，可指顾而集，与今日欧美诸强国殆无以异。三千年以前之制度，尚复若是之精密，余于是不得不深感吾人之祖先矣。汉代调兵之制，民年二十三岁为正，一岁为卫士，二岁为材官骑士，习御射骑驰战阵，至六十五乃得为民归田。北齐军制，别为内外二曹，外步兵曹，内骑兵曹，十八受田，二十充兵，六十免役，与斯巴达之国制颇相仿佛。唐、宋以降，始专用募兵，而国民皆兵之制扫地矣。民既不负捍卫国家之义务，于是外房内寇，而中夏为墟，数千年神器，遂屡为异族所据，久假不归，乌知非有。瞻望中原，不禁为怆然伤心者矣。

自南非之战起，英人乃始知募兵之不足恃，于是改革军制之议，骚动全国，而英军不足畏之名，亦致暴露于天下。美国常备兵员为数虽寡，而当与西班牙构衅之际，英年子弟，争附军籍以临阵者，不可胜计。募兵与民兵之优劣，不待智者而知之也。

近半世纪以来，世界列强扩张军备之期有二：一曰普法战争，一曰中日战争。普法战争以后，法国复仇之念迫切，其锐意扩大军备，思以一击而直捣柏林。德亦惮其再起也，亦遥为防御之策以应之。英、俄、奥亦以祸生不虞为忧，于是竞相注意武力，军备愈扩大，而愈自形其不足矣。既而俄法同盟、三国同盟（德、意、奥）前后继作，而欧洲均势之局以成。

洎夫中、日开衅以后,世界各国莫不骈目东注,始而惊愕,继而垂涎,继而染指。强者纵横捭阖,任所欲为,弱者瞠乎其后,睹既熟之熊蹯,而无下箸之力,于是自增威力之念炽焉。甲求所以胜乙,乙求所以胜甲,既胜恐其复败,既败求其转胜,此弭兵之会所以徒虚设耳。

各国之政治家、新闻家以及稍具知识之士,莫不曰:今之世界,武装平和之时代也。昔则有化干戈为玉帛之语,今日干戈即玉帛矣。何也?外交之胜败,视乎武力之强弱,武力既弛,虽聚仪(张仪)、秦(苏秦)、毕(毕斯马克)、加(加富尔)诸人组织一外务部,而不为功也。以带甲百万之俄罗斯,而首倡万国平和之会,在常人之眼视之,以为恶兽结放生社,不过借此以弭天下之猜忌而已,乃得肆其爪牙而已。至究其实,则殊不然。盖平和局成,而其武力之为力乃益大耳。俄人岂真好平和哉!人知战争之可畏,而不知不战争之战争可畏,不亦误乎。

今日世界列强,莫不曰维持平和局面,而莫不以扩张军备为国是。其嗜武好战之最甚者,则日以维持平和自号于众者也。试读俄国元帅毛尔克之增兵策曰:

"今日之形势,非巩固军备,则国家不能安宁一日。苟吝国帑而忽大计,一旦开衅,敌人长驱入境,其祸盍可胜言!增兵之意,非营一国之私,以破天下之平和,实非兵力不足以保护世界之治安而已。"

美国上议院议员岐布宋提出扩张军备案曰:"披读我合众国历史,实由战争以兴,由流血以购入今日之文明。合众国之地位,虽非如德、法、俄诸国之介乎众强之间,然欧洲虎噬狼吞之余波,宁保无遥渡大西洋以撼我沿岸之一日乎!"

英相哈弥董曰:

"英国之海军,须常保有匹敌二国(欧洲诸国之中)联合舰队之势力,多糜国帑,所不顾也。"

俄之短于海也,乃汲汲以整顿海军,修筑军港为事矣。英之短于陆也,自南非战事以来,乃遽增多额之军团矣。美则飞越重洋,据吕宋以为染指大陆之根基,孜孜以扩充海军为国家惟一之大计矣。德国当与法大构衅之日,仅有炮舰一只,而今则艨艟巨舰竟达四十万吨矣。日本当黄海之役,军舰仅五六万吨,而今则达二十五万吨以上矣。粤近十年以降,列强增扩军备之故，莫不由极东事件而起。显而言之，则东方病夫气息奄奄，共遗产若是其丰，吾辈将何以处分之？于是，有思全吞之者，有思延其残喘而阴吸其膏脂者，有垂涎而无插足之资格者。漫天之悲风惨雨，遂皆从此中生矣。而病夫亦自知举世之皆敌也；乃出自卫之谋。于是，北设武卫，南建自强；南握江阴之险，北据大沽之雄。然而戎事初开，即成瓦解，不惟无用，转以资敌。而论世者遂借以倡言曰："海陆军非所以立国也"，云云。吁！岂其然欤？夫龙泉绿沉，壮夫侠客用之，足以纵横六合，扫荡奸秽；而村夫妇女用之，反以自戕，而为天下笑者，何也？无用之之资格而已。呜呼！迄今以往，吾不欲中国之竞言军备，而欲其速培养中国国民能成军之资格；资格既备，即国家不置一卒，而外虏无越境之虞，偶有外衅，举国皆干城之选矣。军国民兮，盍归乎来！

军国民之要素（要素即原质之谓。如云氧气、氢气为水之要素是也）

佛云："人化为羊，羊化为人。人不保厥灵魂，则坠人畜道，畜道苟善保厥灵魂，则复入人世。"灵魂之为物，其重矣。夫国亦犹是耳。苟丧厥魂，即陷灭亡，永坠地狱，沉沦苦海。犹太人之漂泊零丁，印度人之横遭摧残，职是之故而已故欲建造军国民，必先陶铸国魂。国魂者，国家建立之大纲，国民自尊自立之种子。其于国民之关系也，如战阵中之司令官，如航海之指南针，如枪炮之照星，如星辰之北斗。夜光不足喻其珍，干将不足喻其锐，日月不足喻其光明，海岳不足喻其伟大，聚数千年之训诂家而不足以释其字义，聚凌云雕龙之词人骚客而不足以形容其状貌，聚千百之理化学士而不足以剖化其原质。孟子之所谓浩然之气，老子之所谓道，其殆与之相类似乎。然恍惚杳冥，颇类魔怪，徒骇人耳目。试略举世界各国之类似国魂者以实之，然而未敢云当也。日本之武士道，日本之国魂也。彼都人士皆以"大和魂"三字呼之。词客文人或以樱花喻之，以其灿烂光华，足以代表日本之特色也；或以旭日喻之，以其初出扶桑，光照大地也。要而论之，不过曰三岛之精华，数千年遗下之特色而已。

德国之祖先，为欧洲朔北之蛮族，初无特色之足以眩人也。乃自拿翁龙飞，国土之受蹂躏者屡屡，人民嗟怨愤愧之心油然交迫，慷慨悲歌之士从而扬波激流。今日德国之突飞急跃，盖胚胎于是时矣。吾读其《祖国歌》，不禁魂为之脱，神为之往也。德意志之国魂，其在斯乎？其在斯乎？今为录之，愿吾国民一读之：

"谁为普国之土疆兮？将东顾士畏比明兮（Snwabcnland），抑西瞻莱

蔡锷

茵（Rneln）河旁，将莱茵河旁红萄悬纠结兮，抑波罗的海白鸥飞翱翔兮？我知其非兮。我宗教必增广而无极兮，斥远而靡疆。谁为日耳曼之祖国兮？将史底利叶（Steyerland）之腴壤兮，抑巴伐利亚（Bayemland）之崇岗？（将）摩辰（Marsen）牛羊游牧兮、抑麦介（Maker）物产蕃康？我知其非兮。我宗邦必增广而无极兮，斥远而靡疆。谁为日耳曼之祖国兮？将威史飞灵（Westphalenland）之界址兮，抑巴麦兰尼（Pommerland）之版章？将砂碛随流而入海兮，抑驼浪（Donau）之水波溶漪而荡漾？我知其非兮。我宗邦必增广而无极兮，斥远而靡疆。谁为日耳曼之祖国兮？将济济盈廷者权能侻傥兮，（抑）干略豪雄而告我以綦详？将在呵歇（Wohl）之境外兮，抑于兜尔（Tyrol）之域旁？伊二地之人民，余爱慕而弗忘，我知其非兮。我宗邦必增广而无极兮，斥远而靡疆。谁为日耳曼之祖国兮？今告尔以何方。我方言必无远而弗届，流行四极兮，而散播八方。将与我同奉一主兮，讴歌于会堂。其隶于日耳曼之版图者，试观此幅员之孔长。此乃日耳曼祖国之启疆。剪枭獍兮驱虎狼，挞傲慢者矜张。心仇敌之胥泯兮，而憎妒之全降。不见夫我之友朋莫不荣显与轩昂。维日耳曼之全土兮，开辟非常。此为日耳曼奋有之土疆，长邀鉴念于穹苍，俾我侪心志雄兮膂力强。尽心爱此宗邦兮，志之衷藏。此乃日耳曼之祖国兮，渺渺兮余怀望。"

音节高古，读之足使人有立马千仞之概。此王君韬所译者也。

在美，则有门罗主义，曰："美洲者，美人之美洲。美洲之局，他国不得而干涉之也。"此数语也，美人脑中殆无不藏之。而今则将曰，世界者，世界之世界也，强梁勿得而专有之矣。于是，反其自卫之伎俩以外攻焉。

在俄，则（有）约翰郭拉所唱之斯拉夫人种统一主义逐渐发达，而今影响所及，几弥满〔漫〕八千万民族之中，前途汪洋，尚了无垠际。论者谓其将来有凌驾条顿，蹴仆拉丁之一日，不无因也。要之，国魂者，渊源于历史，发生于时势，有哲人以鼓铸之，有英杰以保护之，有时代以涵养之，乃达含弘光大之域。然其得之也，非一日而以渐。其得之艰，则失之也亦匪易。是以有自国民之流血得之者焉，有自伟人之血泪得之者焉，有因人种天然之优胜力而自生者焉。

奋翮生沈沈以思，举目而观，欲于四千年汉族历史中，搜索一吾种绝无仅有之特色，以认为吾族国魂，盖杳乎其不可得矣。谓革命为吾族之特色欤？则中国历祀之革命，皆因私权私利而起，至因公权公利而起者，无有也。以暴易暴，无有已时。谓为吾族之国魂，吾族不愿受也。谓排异种为吾族之特色欤？则数千年来，恒俯首帖耳，受羁于异种之下，所谓排异种者，不过纸上事业而已。欲强谓为吾族之国魂，吾族所愧受也。吁！执笔至此，吾汗颜矣。然而吾脑质中，有一国魂在。

蔡锷

军事计划

（一九一三年）

绪　论

　　国于世界，必有所以自存之道，是曰国本。国本者，根诸民族、历史、地理之特性而成。本，是国本。而应之于国内外周围之形势，以策其自存者，是曰国是。国是者，政略之所出也。战争者，政略冲突之结果也。军队者，战争之具，所用以实行其政略者也，所用以贯彻其国是者也，所用以维持其国之生存者也。故政略定而战略生焉，战略定而军队生焉。军者，国之华，而未有不培养其根本而能华能实者也。

　　战争为战略冲突之结果，是为近世战之特性。日俄之战，俄罗斯之远东政略与日本相冲突也。庸讵不可以交让乎？藉曰政略可以交让也，国是而可以交让乎？国本而可以交让乎？不可以。让，则彼此各以威力相迫，各欲屈其敌之志以从我。近世兵学家下战争之定义，曰：战争者，政略之威力作用，欲屈敌之志以从我者也。夫曰屈其志，乃知古人攻心之说，真为不我欺也。

　　政略之相持，非一朝夕之故也。其端绪可先时而预测，故其准备可先事而预筹，夫而后可以练兵焉。英之为国，环海而重商，制海权其生存之源也。故其治海军也，以二国之海军力为标准。德之为国，当四战之地，左右邻皆强，无险可恃，则恃以人。故其治陆军也，以东西同时受敌为标准。政者，战之原；敌者，兵之母也。故治兵云者，以必战之志，而策必胜之道者也。本编第一章，述练兵之目的在求战，正其本也。第二章，述武力原在国力，清其源也。三、四两章，说人、说器，分析其原质，就其个体言也。五、六两章，述编制、述教育，综合其联络，明其所以相成也。末章述军政之全体，挈其纲于用人与理财，而归之以诚、以志，明治兵之原则也。海军则知识固陋，不敢以不知者为知。各国现状，则战祸未终，不敢以耳食者为断。世之君子，庶几览焉。邵阳蔡锷识。

第一章　练兵之目的

无兵而求战，是为至危。不求战而治兵，其祸尤为不可收拾也。练兵将以求战也，故先求敌而后练兵者，其兵强；先练兵而后求敌者，其兵弱。证之以中外古今之事，而可信者焉。

日本，今之所谓强国也。明治七、八年，兵不满万，而处心积虑以中国为敌，二十年而后济。甲午之后，兵不满十万，而卧薪尝胆，以俄罗斯为敌，十年而后济。以明治七、八年之情况而言征韩，以二十七年情状而言拒俄，不几为梦呓乎？（而梦呓）则居然成为事实矣。

普鲁士，今之所谓强国也。千八百零六年全军瓦解，以养兵不许过四万二千之条件屈伏于拿翁，仅延余喘，幸也。定报法之志，六年而小成（滑铁卢之役），六十年而大成（普法之役）。

法，亦今之所谓强国也。革命之际与全欧为敌。而拿翁于纷乱之余，乃以之摧奥残普。普法战争以后，赔款割地，而复仇二字，幸以维持其军队至于今日。志虽未逞，而成效则已昭著矣。

淮军之兴也，以三千人密闭于舟中，越千里而成军于沪上。当是时，上下游皆敌也。湘军之起亦有然。而洪、杨之敌，乃不在百年来政府教养之制兵，而在二三读文章、讲理学之书生也。

等而推之迄于古昔，则凡治兵于四面楚歌之地，欲突起以成功者，其事较难，而成功者独多。制兵于天下升平之日，欲维持于不敝者，其事较易，而成功者绝无也。盖惟忧勤惕励之诚积于中，斯蹈厉发扬之致极于外，故曰：无敌国外患者，国恒亡。呜呼！可以观矣。

然则敌犹是也，而兵不振者则何以故？曰：兵者，以战为本；战者，以政为本；而志则又政之本也。

所谓立必战之志者，道在不自馁。夫强弱无定衡。英、俄、德、法，今之所谓强国也；然入其国，觇其言行，何其危亡警惕不自安之甚也？此见强者之未必终强也。五十年前之日本，百年前之德国，战败及革命后之法国，彼惟不以现状自堕其志气而有今日耳。此言弱者之未必终弱也。惟

蔡锷

志不立，万事皆休。夫怵于外患者，退一步即为苟安。故古人必刺之以耻而觉醒之。故曰："知耻近乎勇。又曰：明耻教战。耻者，馁之针志之砭也。

所谓策必胜之道者，道在不自满。昔普之覆于法，盖为墨守菲烈德之遗制；而拿翁三世之亡，则在轻视普人之军制。盖兵也者，与敌而互为因缘者也。人得其一，我得其二，虽少亦强。人得其十，我得其五，虽多亦弱。故彼此之不相师者，正以其彼此互为最后之标准也。夫习于自满者，进一步即为虚骄，故必戒之以惧而收索之。故曰：临事而惧，好谋而成。惧而谋，谋而成，所谓策必胜之道也。惧者，满之药，而谋之基也。

必战者，至刚之志也，必胜者，至虚之心也。二者相反而实相成。夫志卑者轻物；志之坚者，求之诚也；见之明者，行之决也。贤者负国之重，必以至刚之志，济之以至虚之心，而其入手治兵，首在择敌。

择敌奈何？有直接以至强为敌者，擒贼擒王之说也。至强者，即对于吾国本而为至危者也。有先择一易与者为敌，而间接以达其抗拒至强之目的者，偏败众携之说是也。政令修，财用足，民气强，则用前策。其径捷，其时促，若今之英、德、法是也。若夫国家当积弱之余，威信未立，则当用后策。昔普欲战法而先试之于奥，伊欲战奥而先试之于俄。盖凡百困难随一败以俱来，即随一胜以俱去。贤君而当弱国，则恒能于万难之中，适用其偏败众携之略，以渐进而达其最终之目的。其取径迂回，其用心尤艰苦也。慎之至，明之至也。虽然，就军言军，是二策者皆可也，皆足以为军之根本也。惟有二途则大不可。一则甲可战，乙可战，乃既欲战甲，又欲战乙，是则大不可。备多者，力分也。一则甲可战，乙可战，乃今日欲战甲，明日复欲战乙，则大不可。心不专，力不举也。

故练兵二十年，而适以自累者，本不正也，政不举也，志不立也。

第二章　国力与武力与兵力

武力者，国家所用以贯彻其国是之具也。就广义言，武力即国力也。就狭义言，则国力而加以军事的组织锻炼者，是曰武力。

溯国力之原而分之：人，一也；地，二也；物产之生殖力，三也；机械之运动力，四也。是四者，孰纲维是？孰主张是？则有至重至要之政治力（即国家主权的发动力），五也。所贵乎武力者，至高无上，为国家存在之源，即为武力发生之本。

凡测力之大小，必自二方面：一则品质之精粗，一则数量之多寡也。国力者，人力之集也。国力之要素，以国民之体力、智力、道德力为主。而道德力之左右于武力则尤大。即节俭忍苦，果敢坚毅，富于爱国心，而重义务之国民，较之流于安逸，习为骄奢，陷于怯懦者，其数虽有天渊之差，而武力则有过之无不及者。故曰：国民之价值，当战争之难，而上下悉显其真。在上者流于逸乐，则武力之节度缺；在下者习于固陋，则武力锋芒钝（将官伯卢麦著《战略论》）。

次人心而为武力之原质者，则材用是也。材用以求之本国为原则，农业其一也（粮秣），工业其二也（武器），矿业其三也（煤铁），牧畜其四也（马驴）。纲维是四者，而为之主者，则国民之经济，国家之财政是也。近世之战，其准备极于一针一线之微，其影响及于一草一木之故（德国开战后，令公园竹草改种薯芋），其困苦迄于一饮一食而有限制（德国皆然）。其反动入于国民之生计者，至深且巨。故经济财政之整理法，亦为武力之最要原质。

此外，则地势交通，亦与武力至有关系。区而别之，约有数端：（一）国土之广袤及人口之稀密。如地大而人疏者，易于守；地小而人多者，利于攻是也。（二）国境之形状及国内之地势。如英之海，俄之沙漠，瑞西之山，皆于战争时显其效者也。（三）国内之交通线。由此交通，而各材用集合之迟速，军队运动之难易生焉。便者，以一作二而有余；难者，则以十当一而不足也。

要之，武力者，国力之用于战争者也。变国力为武力，则有视乎国家政治之机能。国家（非政府）者，有至高无上之权，得自由处分其人民之生命财产者也。而其能力之大小，则一视其组织何如以为定。政体也，制度也，行政也，皆所以为武力之原动者也。土地愈大，人口愈众，则其关系愈密切。欲竭全国之力以筹战备，则必其元首公明而有定力，其政府勇敢而极敏锐，其各机关又能各竭其能而互相为用。主宰无定力，则众说纷纭而能力塞滞；建制不完密，则机关不足而布置乖张。国愈大事愈难，而武力转有因国力之大而益小者矣（伯卢麦《战略论》之说）。

欧洲诸国，自宪制实行以来，国家之组织日备，政治之机能日强，而人民之负担亦日重。现役之兵数，以人口百分之一为准；每年之军费，以国费三分之一为准。准者，言其极度，不可再逾者也。由是范围，而加以

精密之编制法，运用而周转之，则有事之日，皆能倾其全国之力，以从事于战争，可谓极人间之能事矣。然亦有以野心及恐怖心之故，养过大之兵力，而卒至财政穷乏，不能一战者，则又以兵力过大之故，而武力转因之而小者焉。

故武力与兵力不相同。兵力者，武力之主体，而兵力非即武力也。武力者，就其用而言也；兵力者，就其体而言也。欧洲之最强国，不必即为东亚之最强国也。今日军队纵曰因粮于敌，而必取其用于国。故力之大小，一视兵力之交通关系为断。日本之所以胜兵力十倍之俄罗斯者，此义是也。兵力与兵数尤不可混。数也者，就人马材料之数量而言；力也者，则数量外加算以人马教育之程度、材料品质之精粗者也。故必综合无形有形之两原质，而兵力之真义乃见。有形者易知，无形者难求。其在军费定额有一定之范围者，则数量之增，未必即兵力之大也。

凡兵力，以其类别之为二：一曰陆军。以陆地战争用之人马材料，而加之以军事的组织锻炼者也。军队云者，所以自别于乌合之众，为陆军兵力之具体名称也。一曰海军。以海上战争之军舰、水雷艇、商船之武装者，而加以军事的组织锻炼者也。舰队云者，海军兵力之具体名称也。陆军负陆战之责，有时补助海军者，如军港之陆地攻守是也。海军负海战之责。而有时补助陆战者，如上陆之准备及输运之卫护是也。

近百年来，为一切政治之原动，而国制组织之根本者，则立宪制度是也。为一切军事之原动，而国军组织之根本者，则义务兵役制是也。新国家之有是二者也，犹车之有两轮，鸟之有两翼。而二者之间，尤有至深至密切之关系。自国家言，则立宪制度者，求其个性之发达。故自由者，义取诸分对内者也。义务兵役者，求其团体之坚固，故强制者，义取诸合对外者也。自人民言，则既有与闻政治之权利，即当然有保卫国家之义务。是故宪法，兄也；征兵令，弟也，而双生焉。孕育于法国之革命。自由主义其先声也；成长于普鲁士之行政改革，民族主义其中坚也；结果于今日之战争，帝国主义其尾声也。呜呼！吾人读普国名相斯得因之言，而怦然心动也。斯氏之言曰：凡国家失其膨胀之势力于外者，则当蓄其强固之实力于内。是力也，不在其政府，不在其贵族，而在其全国之人民。欲国民之进步发达也，当予以自由，而使各阶级平等于法律之下。第一，农民当解放也。惟自由之劳动，始能保国于不敝也。当予以土地所有权。惟独立之地主，乃勇于卫其家，即勇于卫其国也。第二，市民当予以自治权也。

市政及市会之发达，德族之所以自豪于中古也。撼怀旧之蓄念历史观念，爱国之源泉也。第三，贵族当教以惟国家存在而贵族乃始尊荣。亦惟贵族不自私，而国家而始强盛。特典也，特权也，利之适以害之也。政府有司不当求智识于簿书，劳精神于会计，首当与国民共其生活，而研究其真正之情实，而施政方针当力与当时之实情相应。

故德国兵役之发源，表面由于条约之束缚（拿破仑限制养兵不得过四万二千人），而精神实由于行政之改革也。却隆霍斯得者，征兵制之鼻祖也，当时为陆相，而斯得因则首相也。呜呼！伟人之心力与际会，其于国家也至矣哉，至矣哉！

第三章　义务兵役制

兵在精不在多，斯言至矣。盖谓兵力之大小，不在其数量，而在其品质也。虽然，使彼此之精度相等，则求胜之道将何从？数等者，求其质之精；质等者，求其数之多，自然之势也。

既欲其精，又欲其多，而国家之军费则又有一定之范围不可逾，于是义务兵役之制起。是故纯粹自军事上之目的言，则征兵者，以少数之经费得多数之军队，又能不失其精度是已。

所谓费少而兵多者，等是养一兵之费也，更番而训练之，能者归之野，更易时新。以二年为期，则四年而倍，十年而五倍之矣。所谓兵不多而犹不失其精度者，自精神言，则用其自卫之心以卫国，其职务既极其崇高，其欢心亦足以相死。自技术言，则服役时教之以道，归休时习之以时，自能于一定时限内不遗忘，而足为战争之用。是故佣兵者，以十年练一人而不足；征兵者，以一费得数兵而有余也。虽然，不可以易言焉。武力之大小，视乎国家之政治机能，盖征诸义务兵役制而益信。征兵法者，关于义务兵役之条例也。其条理之繁密，关系之复杂，事务之烦重，盖非有至勇决之方针，不足以启其端；非有至完密之组织，不足以竟其绪也。在昔德、法，在今英伦，皆当国难至深之时，始勉焉而为，此人心之好惰也。民非强迫，不肯服兵役；国亦非强迫，不能行征兵也。然法人首倡征兵，乃一变而为就地制，再变而为代人制，名虽存，实则亡矣。是倡之者，固贵乎勇决；而行之者，尤贵有完密之计画也（就地制者，一区内限定出若干人之谓；代人制者，以金钱雇人自代也）。

蔡锷

五十年来，各国之敌忾心，以互为因缘，日结而日深。而各国之征兵制，亦互相则效日趋而日近。今姑就其繁重复杂之制度，条举其通则，而列其纲，则有三：一曰法律上之规定；二曰行政上之组织；三曰实行上之事务。如下：

征兵制之关于法律者，一为兵役之种类，一为服役之期限是也。各国通例如左：

凡国之男子，自十七岁迄四十七岁，皆有服兵役之义务（四十七岁，至大限也）。

凡兵役分为常备兵役，后备兵役、补充兵役。国民军役常备役七年，内以三年为现役，四年为预备役。

现役者，自满二十岁者服之。平时征集于军队中，使受正式之教育，其期以三年为准。近世军事教育之普及，则步兵有改为二年者。现役既毕，退归预备役，返之乡里，使安其生业。每间一年，于农隙后征集之使习焉，以备战时之召集也。将军哥尔紫曰："组织一国之兵力，以青年男子为限，盖其气力能置生死于不顾，而好临大事；其体力能耐劳苦，而服残酷辛勤之务。"而德国军制之常备军，以三十岁为限，盖兵力之中坚，负战斗之主要任务者也。

后备役十年，以满预备役者充之，战时多用之于后方。日俄之役，第一线之兵力二十五万，而战斗员之总计乃及百万。将军哥尔紫复更曰："老兵亦有老兵之用，盖铁路占领地兵站线之守护，组织兵器之护送，土匪之镇压，在在有需于兵力。其任务虽不若第一线之重要，而凡战争之成功亦必相需而乃有济者也。"

补充役十二年。国家不能举所有壮丁，一一使之服兵役也，则编其余者于补充役。于农隙则征集之，施以短期之教育，视其年龄之大小，战时或编入守备队，用之于后方；或编入补充队，以为第一线伤亡病兵之预备。国民兵役，分为第一国民军，第二国民军。第一国民军，凡满后备役及补充役者充之，曾受军事教育者也。其余为第二国民军，未受军事教育者也。国家当危急存亡之际，兵力不敷，则召集之。

凡处重罪之刑者，不得服兵役，是曰禁役。凡废疾不具者，不得服兵役，是曰免役。体格未强壮，或以疾病、以家事，得请缓期以三年为限者，是曰延期。在专门学校及外国者，得缓期至二十八岁为止者，是曰犹豫。

准乎此,而品质数量之间,得以时间、财政为其中间调剂焉。欲其质之精也,则增其常备役之人数,而短其服役之时期;欲其数之多也,则长其预备役之时期,而多其服役之人数。财少则求其周转于时,时急则量其消费之财。操纵伸缩,可以自如,而国家之武力,乃得时与政略为表里焉。

关于征兵上之行政组织,则区域之分配,官署之系统是也。各国通则如左:

分全国为若干区,是曰军区,凡一军之征兵事务属焉。每军区又分为若干旅区,每旅之征兵事务属焉。每旅区又分为若干之征募区;征募区之大者,再分为数检查区。是各种区域必与行政之区域相同,除占领地及异民族外,以本区之民为本军之兵为原则。军民之关系密切,一也;易于召集,二也;各兵之间各有其族邻亲友之关系,则团结力益固,三也。

中央之征兵官,以陆军及内务之行政长官兼任之。各军区之征兵官,以地方之司令长官(军长或师长)、行政长官(省长)任之。各旅区之征兵官,以各旅区旅长及该区之行政高级官任之。各征募区(之征兵官),以征募区司令官(专设)及该区行政官任之。必军民长官合治一事者,盖徼独事务上有俟于各机关之互相补助也。其制度之原理,既发动于国民之爱国心,而事务之基础,亦导源于国民之自治团体,势有所在,不得不然也。

关于征兵实行上之事务,复别为三:一曰征集事务,平时征集之,使入营受教育也;二曰召集事务,当战时召集之,使出征也;三曰监视事务,监督有兵役义务之人民,使确实履行其义务也。

征集事务,大别为四:曰征集准备,曰分配,曰检查,曰征集。征集准备云者,征集事务之准备也,其道自下以及上。每年,凡村长集其在村内之壮丁人数,籍其民以报诸县,县以报诸道,道以报诸省,省以报诸中央。而每年各区可征之数,政府得以详稽焉。分配云者,分期应征之数于各区也,其道由上以及下。每年,凡元首定其全国应征之数以颁诸军,军以分于旅,旅以分于团及征募区司令部,而每年各区应征之人,地方得其标准焉。检查云者,检查其壮丁之体格及家族上之关系,定其适于兵役否也。征募司令官实负其责,附以军医及地方官吏,及期巡行各区而检查之,予以判决。判决既终,则以抽签法定其入营之人,编为名册,以报诸军,作为布告,以示其民。征集云者,使抽签既定之人入营服役也。旅长

实负其责，及期巡行各处，一以确定壮丁之可以服役与否；二以分别各人编入步、骑、炮、工各种兵；三以规定补充役中之可以征集受教育者，各编册籍以报诸军。每年十一月一日，各民按照布告之所定，自投到于征募区司令部，各队派员迎率之以归。是四者，年一为之，周而复始。其册籍，有一定之方式；其事务，有一定之期限；其权限，有一定之范围；丝毫不容其稍棼，而征集事务乃告终结也。

召集事务，大致别之为二：曰平时之准备，曰战时之实施。平时准备，则政府示其召集之要纲以颁诸军；军长准之，定其召集之人员以颁诸征募区司令官；区司令官乃订成各县之召集名簿及召集令，以送之县；县别〔则〕存之。召集令者，一人一纸，记其姓名住址，召集之地点，惟时日则空之以待填也。而凡交通之关系，旅行之时日，集合之地点，监督指挥之人员，无一不预为计划，以免临时之周章也。

实施事务，则元首以动员令行之。政府以颁诸军，军以颁诸（一）地方长官，（二）各宪兵、警察队长，（三）各部队长，（四）征募区司令官。区司令官以达诸县，县记载其时日以颁诸村，村以达诸各人。各人之受令也，乃按照令内所规定之时日、地点、道路以至于召集事务所。各部队先期派员迎之，率以归于队。而地方官吏及警察、宪兵，同时布监视网以监督之，防逃役也。

监视事务，亦大别为二种：一为入伍前之监视，一为退伍后之监视。入伍前之监视，则人民自十七岁起，即有受监视之义务。如迁移必须报告本区，旅行则必得许可是也。退伍后之监视，一为复习。复习者，退伍后复召之入伍使习之，期不忘也。在预备役中，至少两次；后备役中，至少三次。每次必于农闲期，自三周至六周不等。一为点名。就本地征集之兵役，检查其体格及执〔职〕业，以验其适于军事之程度也。此皆所以为战时召征之准备也。

是故征兵之要件有五。五者不备，不足以言征兵也。一曰征之能来，二曰来之能教，三曰教之能归，四曰归之能安，五曰临战焉，一令之下，应声而即至。五者若贯珠然，有一不备，不足以成今日之征兵制也。图示之，如左方：（图略）

征之而来，则行政能力于是征焉。是故谓民智未开，不可以言征兵者，非也。其在德、法诸国，习之百年，而厌忌兵役者，代有所闻。小民难与图始，当然者也。谓户口未清，不可以言征兵者，亦非也。征兵之倡

蔡锷

始,皆在国难张皇之际。日、德诸国,当其始,行政机关犹在草创,遑论户口。是故征兵之难,不难在民间之忌避,而难在政府之决心;不难于条例之公布,而难于律令之彻底。故欲行征兵者,必以整理地方之行政机关为第一步。

征之来矣,尤贵乎教,则军队之责任焉(教育一项,待后专章)。就征兵之范围言,有二要件:无熟练之弁目者,则教不足以入其微;无强固之将校团,则力不足以举其重是也。弁目,所谓亲兵之官也,与兵卒共起居。教育之期,长不过三年,短者二年耳。是二年中,使其习之于手,记之于心,盖有视乎随时随地之指点,是非将校之力所能及也,而弁目之效著矣。兵卒同出于一区,其乡土之观念强,故团结力大固也。顾用之得其道,则可为精神固结之基;用之不得其道,则即为指挥困难之础。义务兵役者,聚国民而为一大团体也。其量大,其质重,非有全国统一之将校团,则离心力大,不足以举之矣。法国共和政府之初元,乃至有以此区之民充彼区之兵者,其苦心益可见也。是故征兵制也,弁目久役制也,将校团制也,三者皆若连鸡之势,不能舍其二而独行其一也。故欲言征兵者,必以改良军队之教育为第二步。

教而能归,归而能安,则有涉于国民生计之大本,不可以习焉而轻视也。盖军队以国防之故,驻扎地常在通都,而都野之间之生活程度,则相差焉至大。兵卒于一二年间习为华美,即有厌薄故陋之意。法国近有倡言军队食料太美者,德国则每周授兵以农事智识,盖咸以兵不归农为大戚,而力有以矫之也。且田园有荒芜之虞,工商业有中绝之患。故征兵者,始焉既强之使来,继焉又必强之使去。不愿来犹易处,而不愿去则难处也。勉强行之,则相率而流亡,非独不能临时召之即来也,其祸盖有不可言者。故欲言征兵,必以注意国民之生计为第三步。

若夫一令之下,应声而集,是则征兵之最后目的。管子所谓内政既成,不令迁徙者也。盖必平时之监视严密,计画周到,而临事之征调,始能有秩序而迅速也。各国今日,则自命令下付之方,旅费取予之法,应到之地,应往之路,应用之车船,无不一一预为规定;而警吏宪兵则各设其网,以周流巡视乎其间。各机关各人,各有一定之每日行事表。夫而后当开战之日,全国国民不震不惊,寂寂焉各行其所是,不相扰而益相成。呜呼!极人间之能事矣。故言征兵者,必以战时能圆满召集、编入军队为最后之目的。

第四章 兵器要纲

人授以器，使身与器相习，而能为一致之行动者，是曰兵。兵集为群，使兵与力相习，而能为一致之行动者，是曰军队。前章言武力之原诸人者，今请与论器。

论器，则第一义当知各国兵器之发达，虽月异而岁不同，而兵器之制式，则不能朝令而暮改也。制式一定，至少必有十年、二十年之经过。何者？财政力有所限制也。如德国之步枪，至今为九十八年式，非不别有完美之新制也。一枪之费，以二十元计，全国步兵以三百万计，一度改良，而六千万掷诸虚牝矣。国家能有多少财力，以供科学家之发明乎？故欧洲各国，其兵器改良，取待敌主义。新式虽定，则备其器材不急易，以待敌之先改，敌改而后起而追及之。盖后改较先改者为利也。进步之极，而方法乃至于退步。况飞机也，潜艇也，机关枪也，其成功虽在近日，其端绪实发明于数十年以前。平日漫不加察，一见人之成功，则骇然却走，或坐而长叹曰："彼非吾之所及也，天下之愚，有过于此者乎？故谓欧人之制器非吾人所可敌者，非也。

第二义，当知新发明各器，其效用虽神奇，而其进路乃极平实也。飞机奇矣，然理则极简。夫左右则犹上下也，舵左则舟可右，尾下则机乃上矣。所难者，则有借夫至轻之质，能生至大之动力者耳。自汽油之制明，而飞机之成功乃定，理之当然，无足怪也。蒸汽机为近世器械进步之祖，而水热则盖动，人人能见之，人人能言之也。所患者，人不能于平实处用功耳。故谓今日欧人之器，非吾人所能及者，亦非也。

其三，则当知一器之成，有见于形者，有藏诸质者，皆根于正确之学理，积甚久之研究而始成。望诸空想，不可得也；求诸手艺，不能成也；强为形似，尤不可以自满也。例如一炮，绵药也，钢质也，是其本也。用人之钢，购人之药，而曰：我能制炮矣。例若飞机，机油也，发动机也，是其本也。用人之机，购人之油，而曰：我能制机矣。供平时之记载则有余，为战时之实用则不足也。夫一粒之药，一寸之钢，皆经多少心血而始成。不能平心静气以求其本，惊乎其用而茫乎其源，谓器可购而得，可仿而成；即不然，其能一蹴而及者，亦非也。

由前之说，不自馁之说也；由后之说，不自满之说也，夫然后知物质进步者。物质所以进步者，非物质而精神也。夫科学之兴，实对抗于宗教。而当时以发明科学故，致蒙死犯难者，其人盖更仆不能尽。真理所在，宁死不逾，非所谓杀身以成仁者欤？即至近世，鼓舞奖励，无所不用其极。而一艺之成，犹必经无数困难，积之以诚，持之以恒，而始能有济。徐伯林者，普法战役，即以勇名著伯爵也，弃其职以求所谓飞艇者三十年，尽丧其产，政府不惟不助之，且从而干涉之，而卒有成。此其百折不回之志，为何如也，此则成功者耳。其他之不成功而丧失其性命财产。郁郁以死者又何可胜数！呜呼！物质之进步，则精神奋励之征也，庸讵可以持空言以自傲！

兵器之类别，各国不同。今依日本之所分类，则兵器云者：（一）武器，（二）弹药，（三）器具，（四）材料也。举例如附表：（据最近日本士官学校教程）：

附武器表（略）

武器之复杂，至今而益甚。若欲详述，势所不能。今姑就两端言：一则关于物质者，一则关于人力者。

就武器之原质言；大别为四类：一曰药，二曰金，三曰革，四曰木是也。

药类。凡物质依热或动能，于瞬时间生化学的变化，发多量之热与气者，总名之曰爆药。其化学之变化有迟速，而功效因之各异：（一）其迟者，气体逐渐而涨，周之以物，则于涨满后向抵抗力较弱之方面推移之，以求出路。此种推移力，名曰抛热力。具有此力之药，多用之于枪炮，若无烟火药之类是也。（二）其速者，则气体之发生亦速，周之以物，则无选择方向之暇，而同时破碎之。此破碎作用，各之曰破坏力。具有此力之药，多用之（于）炸弹，若黄色（火药）之类是也。（三）其关〔变〕化之至速者，则虽空气亦无转移之暇，而著大之抵抗力，其接近之物体，皆遭破碎。此种火药，体虽小而力则大，多用之发火，如雷汞之类是也。无烟火药者，以棉花先以硝酸化之而成。棉花以棉花为主，而以酒精及以大液制成者，则日本、法国之制法也。黄色药者，以石炭酸与硝酸作用而成黄色之结晶体，于空中点火，烧而不爆；经冲击摩擦，亦不危险；而急射之，则破碎力甚大。故骑、工兵之炸药及炮弹中之炸药悉用之。雷汞者，以水银、硝酸及酒精化合而成为白色之结晶体，感应极速，故多用之发火，子弹之雷管是也。此药类之大较也（据

蔡锷

83

横井氏著《兵器学》)。

金类。军用金类，以钢为主。钢则从其所含炭质之多少及制造之方法，别为炼钢、熔钢二种。熔钢又别为普通钢、特别钢、铸钢三类。普通钢者，炭质之外，含有少量杂质，以炭质之多少，别为硬钢、软钢等，凡杆、管、线悉用之。特种钢者，则炭质外杂以镍及其他之金类，其性最良，炮身、枪身、炮甲等具悉用之。铸钢者，熔成液体之后，凝诸型内，以其制作甚易，凡不动炮架等用之。要之，钢者，兼有弹性、硬性、勒〔韧〕性三者之能，故为兵器之主要品。然一旦使用后，不能复熔以为用。故为经济计，除主要品外，苟能以他种较廉之质代之者，则代之。此外，金属如铜，则用之电线；青铜用诸齿轮，黄铜用诸药色，白铜用请弹壳，皆各依其本能而适用之也（据最近日本士官学校教程）。

革类。革之性柔而坚，故人类借革而兵器乏运用益便。革之属，以牛皮为主。原料之美恶，视饲法、产地、服役之种类、屠杀之时节而异。制革之法，别为四：曰植类制法，植物中如槲、合欢、榆、栗等，皆含有一物质曰单宁。单宁者，为一种碳、氢、氧之有机化合物，能与皮之胶质相化合而成一耐久性之物质，无论何物，不能化之者也。故以皮浸之单宁水中，厚者五六月，薄者一二月，则革透，而革遂柔软坚韧，适于用矣。曰矿物制法，则用格洛姆或明矾、食盐等柔〔鞣〕之。曰油脂制法，则用鱼油、海兽油、牛脑等柔〔鞣〕之。曰混合制法，则合上文诸原料配合而用之者也。要之，皆所以使其刚柔适度，富于弹性而永久不变者也。

木类。木之质轻而不传热，故便于取携受斩削，故易于制造。其材料之良否，视树之种类、成长之迟速以为衡。军用者，要皆取质坚而富于弹勒〔韧〕两性者。如枪托用胡桃树，车辆用榆桎等类是也。制木之要，首在干燥。干燥有自然法，有人工法。自然法者，置于通风室中，令其自干。若枪托之木，有干至十年以上者。人工法者，或煮或蒸，又有浸之水者。盖干燥者不仅去其水，尤贵去其脂，故先浸水以逐脂，而复煮蒸以去水也。成器后，则施以防腐法，以葆其永久，若漆之类是也。

就武器之人工上言，类别为三：一曰制造，二曰管理，三曰使用。

制造。第一即为规定制式。盖兵器统一，非独于教育使用上图便利也，实与国军独立一致至有关系。器之制式，犹图之制度，所以为统一之具也。各国皆设技术委员会以专管之。其定之也，察敌我之情，审将来之势，慎之至也。盖一定而再易，则财政之损失大；泥古而不变，则战斗之胜败系也。第二为选择原料物。有同类而易性者。各器之于原料，皆有一定标准，以验其性能之适否。故选择之要，首贵试验。如钢之用于炮者，必引伸之以试其弹性，突击之以验其抗力，屈挠之以验其韧性，化验之以验其成分是也。第三为制作。则各部之形状、尺寸、重量，皆有一定之成规，必物物而试之。合试焉，始能结以成器。第四为检查。成器以后，则于使用上更加以严密之检查。检查官有专责。合格者，则负责以烙印于其上，注册入籍，夫而后始可用焉。

管理。列国之于物品也，有一定之会计法。而其视武器也，则如一人。其生也有自来，其废也有自去。一枪有一枪之履历，一炮有一炮之履历。举凡制造之年月，使用之部队，发射之数目，载之册籍，朗若列眉。保存有方法，如金属以防锈而施油也。根诸学理，验诸事实，列为课目，以教其众。担保有专责，如军队则有兵器委员，而负责者队长也。检查有时期，如陆军部派有临时检查官，各队长必每年一度检查，比较其保存法之良否，而报诸中央是也。报告有时期，如军队要塞，则半年一次，各以其保存之品数列表以进是也。而出纳、交换、修理、防险、废弃，亦皆有详细之规定。盖必如是，而精良之器乃能发生其效用，不至于徒费也。

使用。使用者，随兵器之进步，而益增其难度者也。一枪炮，一精巧之机械也。其效力十倍于古昔，而其使用与处置亦有待乎复杂之理解力。步枪而距离准，瞄准得法，则效力极大。然其点稍误，则效力竟至于绝无（凡一枪发数弹，必不能同中于一点。其散布之状成一椭圆形，名曰束薬。枪之制愈精，则愈准，而此椭圆即愈小。故用极准之枪，而瞄准测远不得法。转不如用一不准者可以偶中也）。故在今日，虽农家子亦当若技师然，于弹道学上得若干之智识。虽指挥官不在，而犹能使用其器，乃为成功。夫步枪犹其易者也。炮也，重炮也，爆药也，其使用则尤难。倘小不注意，即足以起绝大之危险（哥尔紫将军著《青年论》）。故器贵精，尤贵能用；非然者，亦适自害而已。

呜呼！器之不良，非器之过也，非财之绌也，人谋之不臧也。精神不进步，而求其效果于物质，不可得也，虽得之必失之。

今举兵器项下之最重要诸件表列之，而以最简单之法，记其效力如下（此表脱漏）：

第五章　编　　制

组力者，国力而加以军士之组织、锻鍊〔炼〕者也。所谓军事之组织者，编制之谓也。所谓军事之锻鍊〔炼〕者，则教育之谓也。人也，器也，兵力之原质，则分叙之于上文。而编制与教育，则究其所以相合也。

首言编制，有四义焉：曰人与器合，曰兵与兵合，曰军与军合，曰军与国合，由流溯源，则先请自国家始。

今若以国家为一体，则人至众也，事至烦也。以至众之人，治至烦之事，而能统率于一人意志之下，若身之使臂，臂之使指，惟所欲之，无不如志者，则何以故？曰：以其有编制也，以其编制之合宜也。用众以治事，众以部分，事以类合，分合得宜，则事治。

凡战时，类别国军为五：曰野战军，曰守备军，曰补充军，曰国民军。曰特种队。于是有战于外者，有守于内者，有维持于后方者，有应变于临时者，而国乃可言战。

其统率此五者，而为国军之主者，曰大本营。其国之元首，战必亲临者，则以属诸野战军。

野战军者，以国中之最良之质，负最重之任，以从事于野战者也。其人数至众，平时不能悉具，则其具体而微，而能以至短之时期，为完全之准备者也。如平时各国之所谓师团、军团者是也。

守备军者，所以守卫国内及占领地。若野战军不敷用，则以守备军助之。如要塞诸队，及各国之预备师、预备旅者是也。

补充军者，所以备野战军、守备军之死伤疾病，欲维持其兵力不少衰者也。如各军团之留守及补充诸部队者是也。

国民军者，当存亡危急之时，则召集以当国内守卫之任者也。

特种队者，所以任技术上之专门任务，要使分属于各军。如日本之交通旅，德国之攻城厂及莱茵河架桥纵列之类是也。

以上五种，合诸征兵令之法则，则如下：

野战军以常备役为主体（现役为本，而召集预备役以补足人数。故计算外国之第一线之兵力，以每年入营之人数，乘常备役之年限，可得其大较也）。

守备军以后备役为主体。

补充军以补充役及开战年度之新兵为主体。

国民军以国民兵役为主体。

特种部队以常备军为主体。

今请述野战军编制之大纲,以例其余。

凡编制,有当以部分者,有当以类分者。

以部分者,用众之说是也。孙子曰:用众如用寡者,分数是也。故一以率二,二以率四,四以率八,等而上至于百万、千万。而统系立也,则编制之原则也,大别之为四:曰军、曰军团、曰师、曰旅。

军。一国野战军之数,以十万、百万计。为便于最高之统率计,则分为数部,名之曰某军。军之名有以序列者,如第一军、第二军之类是也。有以地名者,如莱茵军、满州军之类是也。有以人名者,则加以指挥官之姓名者也。军之内容摘要如左:

(一)军司令部,(二)野战军团(二个以上),(三)骑兵师(一个以上),(四)兵站部,(五)铁道队、电信队、飞机、要塞炮队,随时随地必要时加入之。

军者,一战役中能独立专任一方面之战事者也。其所统军团之数,至多不得超过六个。故战场方面阔大者,则更合数军而成大军,如日俄之役满州军是也。其方面小,以一军团、一师团之兵力即足敷用者,则名曰独立军团,或独立师团。所谓独立云者,以其有兵站部,能直接与本国之资源地相联络者也。

军团。军之数以五万、十万计,为便于军长之统率,则军之下有军团。军团之内容,摘要如左:

(一)军团司令部,(二)步兵师(二个以上),(三)骑兵或炮兵之一部,(四)工程队一营,(五)辎重。

军团者,能独立作战之最小单位也。其组织编制,平时即定之,非若军之编制临战而始有也。各有补充之区域(即军区制,见下),故名之曰战略单位。其人数以三万人为准。

师者,能终始一战斗者也。其要在使各种兵(步、骑、炮)能互相为用,而发扬其最大之威力也。其在兵力较小之国,则以师为战略单位之军团,如日本及巴尔干诸小国之军是也。一师之内容,摘要如下:

(一)司令部一,(二)步兵旅二,(三)骑兵旅一,(四)炮兵旅一,(五)工程连一,(六)轻便辎重。

旅者，各兵种之最大团结也。有步兵旅、骑兵旅、炮兵旅等。详见下文战列队中。

以类分者，治事之说也。事者何？战也。有交战性，有作战性。交战者，战斗之谓，即对于敌而能发其杀伤之威力者也。作战者，运动之谓，即能保存其日用之需要品，如粮秣器具、弹药而能自由行动者也。故军以类分，别为四：曰司令部，曰战列队，曰辎重，曰兵站。

司令部者，军队之神经系统也。战争者，以能一致与否为胜败之要诀。欲合万而为一，则有恃乎一定之系统。故军队按其小大等级，各置司令部而汇集于总司令官一人之下。此总司令官以不受政治上之牵制，有决心之自由，为成功之最大要诀。故强国之军，必以元首兼摄，所以图军事政治之联络也。各级之司令部，虽组织之大小不同，而编制上有一定之原则：（一）部中不得置两首长，即进言于首长之前者，只准一人。毛奇著战史有言曰：策虽不善，苟负责确实以执行之，常得最大之美果。惟幕中多独立之人物，则各人之才识愈高，爵位愈尊，而其祸愈烈。（二）司令部之幕僚，以愈少愈妙。普法之役，运用军队至百万之多，而大本营之参谋官乃在十人以内。盖人少则下忙而上闲，责任专而分业定也。人多则下闲而上忙，议论杂而人事烦也。（三）司令官以闲静为治事要则。闲静者，不亲小节之谓。司令官之于军队也，犹行舟之有罗针，夜行之有明灯也。当危疑震撼之际，而能决大疑，定大计者，首贵于灵明，不滞于物，故必从容闲暇，始能着眼于至要之点，至远之地。亲细事则滞矣，见近者必忘远，见小者必忘大。故各幕僚之所以佐其主者，在各尽其职，而使其司令官有从容决策之暇。若幕僚之长，则尤贵有心理上交感之作事者也。今举司令部组织之大致，以例其余：

一军司令官一人。

幕僚长　参谋长一人。

　　幕僚　参谋长一人。

　　参谋官三人。通常分三课：曰作战课，所以律军队之战斗行动者也。曰谍报课，所以测敌人之动静者也。曰运输课，所以律后方之勤务者也。

　　副官长一人。

　　副官二人。

　　传令官若干人。

军需部长一人，部员若干人（分金柜、粮秣等课）。

军医部长一人，部员若干人。

军法部长一人，部员若干人。

炮兵部长一人（所以备技术上军司令官之顾问者也）。

工兵部长一人。

管理部长一人（常以副官长兼司司令部之宿营等庶务）。

兵站监（常以参谋副长兼经理兵站事宜，见下文兵站类）。

野战电信部长、邮务部长各一人。

战列队，则实负战斗之任务者也。编制之要，在各竭其能，而互相为用。各竭其能者，技术进步，其所需之物质至多，武装训练不能一辙，则贵各专其精。故分业起而兵种别焉。互相为用者，则三者各有所长，亦各有所短，要在能互济其短，而不没其专长。准乎是，而各兵种之编制成焉。

步兵之长，在用其广而富于独立性，能远战（火器），能近战（白刃），能攻能守，能不受地势、天时之限制。最后胜负之决，首在步兵。故各国名之曰主兵种，而人员亦最多焉。其编制之最大者，曰旅。一旅二团，一团三营，一营四连。连以二百至二百五十人为率，图使用之便利，分为三或四排，各以将校长之。骑兵之长，在其速力。然能攻不能守，虽负枪能远战，而非其本能也。故除袭击外（出其不意以击敌之谓），则于侦探、通信诸勤务最为适宜。其最大之编制为旅（欧洲亦有数旅加炮兵工兵为骑兵师者）。一旅二团乃至四团，一团三连乃至五连，一连以五十骑为率，为便利计，分为四排，以将校长之。炮兵之长，在其大炮之远射力，及其弹丸之破坏力。然能远战不能近战，故不能决最后之胜负，而最适于为决战之准备。运动困难，是其一短。各国则近日交通日便，技术日精，而火炮之威力亦愈大。其最大之编制，亦为旅。一旅二团，一团二营或三营，一营三连。一连之炮兵，以六门或四门为率。凡计兵力，步（兵）以营计，以千人为标准；骑兵、炮兵以连计，骑兵以骑计，炮以门计。此外，则各种技术队，若工程、电信等类，则架桥、造路、筑垒、通信等勤务属焉，其最大编制以营计。

辎重者，军队所需之材用也。凡军队材用之编制法，分为五线：第一线，则各兵本人所携带者也；第二线，则军队所携行者也，名曰行李；第三线，则军队后方特编成一团体，随军队之运动，而遥为进退周转者也，

名曰辎重；第四线，则后方道路上所预备者也（其后方之组织曰兵站，详下文）；第五线，则本国所存储制造者也。就其材用而类别之：一曰子弹，所以克敌制胜者也；二曰粮秣，所以保人马之生存者也；三曰医药，所以治伤亡疾病者也；四曰工作器具，所以备筑垒、架桥等技术上之事业者也。所以能使此四者周流不息，而取之如携，用之不竭者，一曰车，二曰马。

人马之负担量有限，而大军队中杂以多数车马，则战斗、运动均属不便。故军队携行之物以最小为限度。携行品不足，则求诸后方。而各队之需要，又未必同时相同。于是以各种之材料，特编成为一队，以随诸队之后，则指挥而监督易。此第三线辎重编制之所由来也。

一军团之辎重编制如左（下文所述，以德国为例）：

（甲）凡管理军团弹药纵列之长，曰弹药纵列长。其所辖为弹药营二营。

每营以炮兵校官为之长，所管纵列如下：

步兵弹药纵列二（每纵列分为二排，每排分为六班及一补充班）；

炮兵弹药纵列四（纵列之分部如步兵）。

每一步兵弹药纵列之车数如下：

弹药车二十三辆，六马辕（每人一百七十发为准）；

铁工车一辆，六马辕；

器具车二辆，四马辕；

计车辆二十六，马百八十七，将校三，兵卒百七十九。

每一炮（兵）弹药纵列之车数如下：

弹药车二十三辆，六马辕（每门以二百发为准）；

铁工车一辆；

器具车二辆；

器具工作车二辆；

计车辆二十八，马二百四十四，将校三，兵卒百七十七。

（乙）凡管理军团辎重纵列之长，曰军团辎重司令，与团长同级。其所辖：（一）辎重营二，（二）卫生队三，（三）野战病院十二个，（四）马厂一个，（五）炊具纵列二。

（一）辎重营，每营以辎重少校为之长。其所管纵列如下：

（1）粮秣轻纵列三（每纵列分为三排，每排三班）。其车数如下：

轻粮秣车三十六，二马挽；

行李车二，四马挽；

计车三十八，马百另七，将校四，兵九十七。

（2）粮秣大纵列三乃至四（每纵列分为三排）。其一纵列之车数如下：

重粮秣车六十，二马挽；

行李车二，四马挽；

计车六十二，马百六十二，将校三，兵卒百另六。

凡所有粮秣，足供一军团四日之用（连携行者二日分，大行李一日分，故一军团之给养能力为七日）。

计车二十五，马九十九，将校三，兵卒三百五十八。

（二）卫生队（三个）。（每队分二排）其一个之车数如下：

伤兵车八辆，八马挽；

医药器具车二辆，二马挽；

行李车二辆，二马挽；

粮秣车一辆，二马挽；

计车十三，担架四十，马四十六，（军）医八，将校五，兵卒二百四十一。

（三）野战病院（十二个）。（每个以收容二百人为率）其一个之车数如左：

器具车四辆，

伤兵车一辆，

医药材料车二辆，

行李车一辆，

杂用车一辆。

计车九，病床二百，马二十九，军医六，将校三，兵卒四十八。

（四）马厂（一）。（分为二排及预备一排）计马二百匹，兵百十二，将校五。

（五）炊具纵列（二）。所以制面包也。分为二排及一预备班。其车辆如下：

锅炉车十二，四马挽；

器具车十二，二马挽；

预备车一，二马挽；

计车二十五，马九十九，将校三，兵卒二百五十八。

（丙）军团架桥纵列一，分为半纵列，半纵列分为二排及预备班一。其车辆如下：

桥柱车二辆，六马轭；

铁舟车二十六辆，六马轭；

器具车二辆，四马轭；

材料车二辆，四马轭；

炸药车一辆，四马轭；

行李车一辆，二马轭；

计车三十四，将校五，兵卒百三十，马二百二十二。此外，有工兵架桥队，将校三，弁目七，工兵五十四。桥长百六十米突，可分为四节。

是故有辎重，军队乃始有行动也。

兵站者，军队与本国之联络机关也。凡军（队）作战于一方面，不问其大小，必附以兵站部，即吾国所谓后路粮台者是也。凡军队与本国联络线，名曰兵站线；线之周围，名曰兵站区。数军作战于一地，则大本营特定其区域，免冲突也。

（一）输送野战军一切需用物品及人马于战地；

（二）还送一切不用物品及伤病兵于本国；

（三）凡往来于此线上之人员，则治疗之，饮食之；物品则整理之，保管之；

（四）保护修理建设本区内之交通线；

（五）管理本区内之地方行政事宜。

兵站部之编制如下：

一、兵站监部，

二、兵站司令部，

三、兵站诸队，

四、兵站诸厂，

五、兵站诸纵列。

兵站监部者，统辖兵站事务者也。兵站监常随本军司令部为行动，以考察前方之情状，律后方之准备者也。其编制大要如下：

（一）本部，（二）兵站宪兵，（三）兵站军需部，（四）兵站军医部，（五）兵站兽医部，（六）兵站法官部，（七）兵站电信部。

兵站司令部者，兵站业务之实行机关也。自兵站地之后方，每一日行程（约三十六里），逐次则设一兵站地，至于铁路或船舶集合点为止。集积地（军后交通路之总点），逐次以至于本国军管区内（兵站集地）为止。其编次视各地军务之繁简为衡。每军团临战，则预备兵站司令部六个，共事务别为运输、给养、仓库、卫生、保安、兵器等六项。

兵站各队者，一曰兵站守备队，所以防敌人及土匪侵扰后方，毁我军实者也；二曰兵站铁路队，所以图野战军与后方联络之便利，而设轻便铁道者也；三曰兵站通信队，所以架设、修理本管区之电线者也。并附有电信预备员，电信材料厂。

兵站各厂者，一曰野战兵器厂，所以补兵器之交换及器具材料之修理者也。厂长隶属军炮兵部长之下，而事务受兵站监之节制。二曰卫生材料预备厂，所以预备替代野战病院，并补充野战军用之卫生材料。其内容分二部：曰材料厂，曰预备员。三曰野战被服厂，所以预备军队不时之需也。凡军靴全军二分之一，军衣四分之一，蹄铁三分之一，皆备之。四曰预备马厂，所以补充马厂之乘马者也。

兵站各纵列者，一曰兵站车辆纵列，所以预备辎重车辆之废损也；二曰兵站仓库纵列，所以输送征发之物于仓库或军队者也，每军团临战则预备其指挥员三组，其车辆输卒，恒以本地所有编成之；三曰兵站粮食纵列，所以接济辎重营之粮食纵列也；四曰兵站炊具纵列，所以助辎重队内炊具纵列之不足，且以供兵站各部人员之用者也；五曰兵站弹药纵列，所以接济弹药营之不足，并搬运野战兵器厂之弹药者也。

综上文所言而括之，则全国兵力可分为数部：曰军。军之下有军团，军团之下有师，师之下有步、骑、炮各旅，旅之下有团，团之下有营，营之下有连。自其纵者言之，以部分也。凡指挥军队者，曰司令部；实行战斗者，曰战列队；接济军需者，曰辎重；联络后方者，曰兵站。自其横者言之，以类合也。

盖至是又不能不三复斯言矣。军事之组织。有恃乎国家之行政能力也。各种制度，就其一端言，既已极其繁重复杂之至，非仓促之际可以实行而有条不紊也。则何也？曰：有其根本也。所谓军区制者是也。军区制者，所以联络军队与国家之间者也。其最大原则，在其实行军事行政上之分权制。哥尔紫将军著《国民皆兵论》，其中述军区制曰：军制与国制之关系有若唇齿，故行政官与军政官有同心协力之必要。依国家之行政区域

以定军区，则至当者也。一军团，若一小国之军然。各自其所管之区域内，征集人员、马匹，并于该地设兵器厂、材料厂、仓库等。其司令官及军需官，于战务一定之制限内，有自由处分之权利，不必仰中央之指挥者也。所以与军团司令官之偌大之权限者，不仅为临战时之准备也。事繁则分而理，任专则责自重。所以发挥其独断专力之能力者，盖于是乎在焉。国本不立，政局动摇者，则不敢行此制。其在俄之于波兰，德国之于新领地，英之于爱（尔）兰，以异族占领者皆有然。军区制定，而军队乃有其根据，可以生生不绝焉。各国今日名曰若干军，若干师，而其实则一军一师之后，更有无数之军师藏于管区之内。故德国之军团长，不曰军团长而曰司令长官者，谓其所管者不仅平时一军团已也。动员令下，则立时壹化为三，其一则野战军团也，其二则预备军团也，其三则留守军团司令部及补充队也。其征兵之所以为要而征，军区制则无以成其行也。

欲行政能力之发达，莫要于分权制。分权之基础定，而国家一令乃能直达诸人民之身。各国今日人民之一饮一食，政府有能力得以干涉之，分权制之效而非集权之效也。

近取诸物，则君子观于燧，而得治国、治军之原则焉。夫一木燧，至微也，至轻也，至便于取携也。置百千万燧于此，而欲以一手携之，将何道之从？于此有术焉：每百竿则箧之以匣，每百匣则包之以纸，每百包则匡之以箱，而系以索，一手举之耳。索之朽也，虑其量之重，咎其箱而去之，更去其包之纸焉，更去其箧之匣焉，乃欲范此百万之燧而取携之，则横决矣，竭终生之力而无济矣。鸣呼！孰谓有国而智乃出燧人下也，可以鉴矣，可以鉴矣。

第六章　教　育

人也，器也，军也，国也，各有其个体。其形式上之一致，则编制之责也；其精神上之一致，则教育之责也。

言军事教育，则有开宗第一义，曰军事教育之主体在军队，不在学校是也。平时之军队，以教育为其惟一事业。战争之教育，以军队为其唯一机关。学校者，不过军队中一部分人员之补习机关而已。以教育与学校相联想，则军队教育无进步，而一部分之事业，必将为主体所排斥而后已。试举各国军事学校与普通学校之系统比较之，则尤显然。普通学校之为制也，自小学、中学、高等、专门、大学，自成为系统而相联络。军事则不然。毕业于中学，不能迳入士官学校也，必自军队派遣也。专门学校非自士官学校升入也，必自军队派遣也。大学校亦非自专门学校送入也，必自军队派遣也。盖将校之真实本领在统驭，其根本事业在军队。惟知识上一部分教育，在军队分别授之，则事较不便，则聚之一堂为共同之研究，是则学校教育之目的耳。

苟明乎征兵之原理，则知平时之军队，即国民之军事学校也。军人者，国民之精华也。故教育之适否，即足以左右乡党里闾之风尚，与国民精神上以伟大影响。盖在军队所修得之无形上资质，足以改进社会之风气，而为国民之仪表。挚实则刚健之风盛，则国家即由之而兴。故负军队教官之任者，当知造良兵即所以造良民；军队之教育，即所以陶冶国民之模型也（日本军队教育令）。故曰：平时军队之惟一事业，教育是也。

学战于战，此原则也。顾不能临战后而学，则学之道何从？曰：根于往昔之经验。经验之可以言传者，笔之书；其不可以言传者，则为历史的传统精神。故曰：团也者，依其历史及将校团之团结，最便于从事统一之战争者也。严正之军纪及真正之军人精神，为军队成功之原素。欲使其活动发达，则必有俟乎强大之干队（即平时之军队）。各兵既受熏陶而归家，一旦复入，则即能恢复其昔时之习惯。即新编之军，而求其内部坚实亦甚易。故军人精神恃多员之干队而始成立者也（伯卢麦《战略论》）。故曰教育以军队为唯一之主体也。

有一言可以蔽教育之纲领者，则一致之说是也。故第一，求人与器之一致；第二，求兵与兵之一致；第三，求军与军之一致；第四，求军与国之一致。

（一）人与器之一致。不观夫射乎？心之所志，目之所视者，的也。手之所挽者，弓也。而矢有中有不中也。其不中者，必其心与目之不一致也，必其目与手之不一致也，必其手与弓之不一致也，必其弓与矢之不一致也。语曰：读书有三到：心到，眼到，口到。到者，一致之说也。宁独射焉读焉而已。一艺之微，其能成功而名世者，必有借乎精神、身体、器用三者之一致。书家之至者，能用其全身之力于毫端，而力透纸背。军人之执器以御敌，无以异于文人执笔而作书也。方法虽不同，其所求至乎一致者。一也。兵卒之来自民间也，其体格之发达，各随其艺以为偏，身与心尤未易习为一致。故必先授以徒手教练及体操，以发达之体与神交养

蔡锷

焉；然后授以器，使朝夕相习焉。以至简之方法，为至多之练习，久久而心、身、器三者一致，乃可言也。故夫步兵之于枪也，则曰托之稳，执之坚，发之自然。骑兵之于马也，则曰鞍上无人，鞍下无马，皆极言其身与器之一致也。此单人教练之主旨也。

（二）兵与兵之一致。人心至不齐也，将欲一之，其道何由？曰：有术焉，则逆流而入是也。逆流云者，自外及内，自形式而及于精神是也。以颜子之圣，询孔子以仁，而其入手则在视听言动。军队教育之道，其若是已。是故步伐之有规定也，服装之必整齐也，号令之必严明也，整饬其训练于外，所以一其心于内也。器具之有一定位置也，起居之有一定时刻也，严肃其内务于外，所以一其心于内也。虽然，亦更有其精神者存焉，则人格之影响，情分之交感是也。惟人格有影响，而上下间之关系以深；惟情分有交感，而彼此间之协同以著。此种一致之基础，成于战术单位之连。连者，军队之家庭也，其长则父也；连之官长，成年之弟兄也；弁目之长，曰司务长者，则母也。是数人者，于兵卒一身之起居饮食，寒暑疾病，无不息息焉管理之，监视之。苦乐与共，而其情足以相死，夫而后一致之精神立焉。此一连教育之主旨也。

（三）军与军之一致。自征兵制行，而兵之数目日以增；技术发达，而兵之种类日以繁；文明进步，而将校之知识日以高。于是军与军之一致，其事愈难而其要益甚。自其纵者言之，则将将之道，有视乎天才；自其横者言之，则和衷共济，有视乎各人之修养。此种一致，盖与国家存在之源同。其根据历史之传统，一也；伟人之人格势力，二也；智识锻炼之一致，三也；人事系统（详下）之整齐，四也。而每年秋操，图各兵种使用上之一致，使各知其联合之要领，则犹其浅焉者耳。

上文（二）（三）两义，则各国今日通称之军纪二字之意义也。军纪者，军队之命脉也。战线亘数十里，地形既殊，境遇亦异，而使有各种任务，几百万之军队，依一定之方针，为一致之行动，所谓合万众之心为一心者，则军纪也（日本步兵操典）。兹言也，仅就其效用言之，于其意义犹未若哥尔紫将军所论深切著明也。哥将军曰："苟一想像今日国军之大，之不能无疑问，即如此大众，究竟用何法以指挥之是也。答之者，则有词矣。曰：军纪者，所以使大众能自由运用者也。"斯言是也。顾所谓军纪者，又何物欤？普通人解之曰：军纪者，以严正之法律维持其秩序，而严肃其态度之谓。斯言不可驳，而非其志也。德国之秩序、态度至严肃矣，而法律之宽，他国无比。历史上有法律愈严而军纪愈弊者。法国共和政府之成也，背戾者悉处以死刑，而军纪之弛如故也。盖法律之效果，发生于事后。故谓军纪发生于法律者，非也。

或为之说曰：军纪者，发生于国民之道德心，而由于自然者也。兹言亦非也。军纪者，不仅使人不为恶而已。兵卒为克敌之故，必致其死。军纪者，要求此非常之事于兵卒，而使习为自然者也。"法人每谓热诚之爱国心，可以补教练之不足。其实依共和政府之经验，则热诚之爱国者，行军一日而冷其半矣。疲劳之极，则肉体之要求即越精神而上之。一鼓作气，不可恃也。"（此伯卢麦之说，与此相发明，故引之）故谓军纪之源在道德者，亦非也。

达尔文著物种论，于军纪二字独得至当之解释，曰：有军纪之军队，其较优于野蛮之兵卒者，在各兵对于其战之有信任。此坚确之信任，实为真正军纪之根源也。凡兵卒之有经验者，皆知其将校无论何种时节，必不离其军队以去。一队然，犹若一家然。除共同之利益外，他无所思。虽危险之际，亦不为之稍动。此则达氏之所谓信任之源也。有此信任，故兵卒虽当敌弹如雨，犹泰然有所恃而无恐。

法者，一种军纪之补助品也。人欲之炽，则借法以抑制而使之。法尤贵严贵速。然不过一方法，非其根本也。躬行率先之，效力则有大于法者。故兵卒见官长之服从官长，如彼其恭顺也，则从而效之。且不仅服从己也，尤贵对于职分而起其嗜好心。德之士官，皆使习为兵卒之勤劳，即于简易之事，而发动其职分之观念；且兵卒亦知之上官之出身，初亦与己无异也。

德国凡勤务之细件极其精密，非墨守成法也，非夸其知识也，所以发起其勤务之嗜好心，即尽职之观念是也。学术教练之外，尤贵乎志意之锻炼。而清洁也，秩序也，精密而周到也，不谎言也，皆为整肃之一法也。

委任被服、粮食诸事于将校，其主旨非出于节俭，盖所以图上下间之亲密也。仓库也，厨房也，寝室也，将校日日服其勤务。而为军纪柱础之连长，自然成为一连之父，而军队中于是有长老之称。是名也，则含有至深之意在也。

忠实于职务之外，尤当有共同一致之志操。德军之成立，此志操实为其根本。大战中，法律之所不能禁，监视之所不能及，而此共同一致之志操，则犹发生其秘密效力。名誉与职分，交为激奖，而发挥其最后之武

蔡锷

勇也。

昔年之战，凡关于共同之利害，或故有可乘之机，则我军虽弱，亦必取攻势者，职是故耳。闻最近军团之炮声则驰援，陷必死之境，犹能确信其同志者，必且继续我志而收其功。而上自司令，下迄少尉，无不为同一之思想，为同一之行动。此则德国所谓军纪之效力也。

军纪者，无形者也。保全之，则有待于有形诸要件：第一，则平时编制之单位，不可于战时破坏之也。由各师选拔最精之三营而组织一团，其能力决不能如平时固定一团之大也。其在德，地域人情之不同，而操纵之法亦互异。故临战以不变单位为原则。第二，则退役之预备兵，必召集于原受教育之队也。预备兵之于本队也，有旧识之僚友，有旧属之官长，常以在其队为自己之光荣，而一队之名誉心生焉。故动员计划虽极困难，尤必以原兵归原伍为原则。

此外，则有一无形之军纪，则将校智识作用之一致是也。一军之智识不一致，则行动即不一律。法之共和军队，皆志士仁人感国难而集合者，然平时于智识未尝经一致之训练，而军纪即因之以弛。然此种训练，绝非强以规则，要在识其大纲，而得一定之方向。有此智识之军纪，然后主将能信任其部下。部下独断专行之能力发达，而战胜之主因得焉。故将校之出身，首贵一致。将校一部分自队中升入，一部分自学校毕业而杂糅焉，决不能望其行动之一致也。

（四）军与国之一致。军与国之一致，则全军一贯之爱国心是也。夫爱也者，情之根于心而丽于物始显者也。无我而有物，则爱之源不生；无物而有我，则爱之义不著。物我有对待之缘，而爱之义始著。国也者，名词之综合而兼抽象者也。说其义，既更仆不能尽。而民之于国也，则犹鱼之于水，人之于气，视之而弗见，听之而弗闻，日用而不知者也。虽欲爱之，孰从而爱之？圣人有忧之则有术焉。使国家有一种美术的人格之表现，而国民乃能以其好色之诚而爱其国。是故爱国之心不发达，非民心无爱根也，表现之术有周不周也。人格之表现最显著者，为声音，为笑貌。视之而不见，于是有国旗焉；听之而不闻，于是有国歌焉。闻国歌而起立，岂为其音？见国旗而致敬，岂为其色？夫亦曰：是国之声，国之色也。有国旗，有国歌，而国之声音、笑貌见矣。此为第一步之爱国教育，最普及者也。人格表现之较深者，为体段，为行动。于是有地图焉，则国家之体段见矣。于是有历史焉，则国家之行动现矣。是故读五千年之历史，而横揽昆仑大江之美者，未有不油然兴起者也。有历史，有地理，而国家之影乃益状诸思想而不能忘矣。是为爱国教育之第三步。虽然，犹其浅也，犹其形也，而未及乎人格精神也。呜呼！自共和以还，盖尝守法国之操典而三复之矣，求其精神教育之根本，而得一自我之说焉。自我即国家人格之代表也。人未有不自爱者。国也者，我之国也，而爱之义以著。故法国以名誉与爱国并提。名誉者，自尊之精神也。德国以忠君与爱国并提。忠君者，克己之精神也。是故君主国以元首为国家人格之精神代表，而要求其民也以服从，以自牧。若曰：服从其元首，即爱国之最捷手段也，客观之教育也。共和国以自我为国家人格之精神代表，而要求其民也以名誉、以自尊。若曰：发达其自觉心，为爱国之根本也，主观之教育也。故国家于声音、笑貌、体段、行动之外，尤贵有一种民族的传统精神以为其代表，而爱国教育乃可得而言焉。然德国虽以服从为主体，亦决不蔑视其个性。德之操典曰：战事所要求者，在有思虑能独立之兵卒，能于指挥官既毙以后，依其忠君爱国之心，及必胜之意志，为自动的行动者也。法国虽以个性为主体，亦决不疏忽于服从。故法之操典曰：名誉与爱国心，所以鼓舞其崇高之企业心；牺牲与必胜之希望，所以为成功之基础；而军纪与军人之精神，则保障命令之势力而事业之一致也。

明乎是四者，而军事教育之要纲得矣。犹有数事所当知者，一为战争之特性，一为时间之效力，一为习惯之势力。

战争之特性有四：曰危险，曰劳苦，曰情状之不明，曰意外之事变（格洛维止之说）。危险，故有待于精神之勇；劳苦，故有（待于）体格之健与忍耐力之强；情状之不明，故有待于判决之了沏；意外之事变，则有待于临机之处置与积气之雄厚。凡此四者，上自将帅，下迄兵卒，皆同受之。而位置愈高者，则要求人于精神领入［域］者愈深，而困难亦愈甚，此平时所贵乎修养磨炼也。

凡人习一业久之，忽得一自然之要领，有可以自领略而不可以教人，可以意会而不可以言传者，艺至是乃始及纯粹之境，乃始可用，是名曰时间之效力。其在军也，其功尤显。盖兵之临战，其危险足以震撼其神明，失其常度。此时所恃者，惟平常习熟最简单行动，以应用之于不自觉而已。故兵卒教育之最短时间为四个月，而兵役则无有短于二年者。盖教育虽精密，亦必有待于时而始成效果也。

凡人与人交，而习惯生焉。习惯有传染性，虽未尝直接，而闻风可以

兴起；有遗传性，虽十年递嬗，人悉更易，而其传统的习惯仍在。习而善焉，不能以少数人破坏之；习而恶焉，尤不能以一时而改善之。故君子愤始而敬终。将军弗来答叙普法之战史（千八百另六年）曰："发维也纳之役，其有名之将校，将来立新军之基础者，何尝不在军队之中。然不经拿翁之蹂躏，则往昔之习不去，而此有力之将校，无以显其能。故曰不良之军队，不经最大之痛苦不能治。"曾文正所谓孔子复生，三年不能革其习者，其斯之谓欤？

第七章　人事与经理

国法学者，别军事为二大纲：一曰军政。凡征募编制等悉属之，制兵之事也，或名之曰经理事项（广义）。二曰军令。凡部勒运用等悉属之，用兵之事也，或名之曰统率事项。军政者，以国务大臣负其责，受国法之裁制，其机关则陆军部也。军令者，独立自由无制裁，亦无责任，其大权发诸元首，而其计划府则参谋部也。是故参谋部（者），军令之原也；陆军部者，军政之归也。

凡上文所述征兵、制器、编制、教育，则皆属于军政者也。虽然，有其纲焉：一曰人，二曰财。人也，财也，则举上文诸义而为其总括也。军事上关于用人之制，名之曰人事；关于用财之制，名之曰经理。人事得其道，经理得其法，而军政之义备矣，而陆军部乃能总挈全国军政之纲矣。

夫向上者，人性之自然，然侥幸心不可有，而希望心不可无。人事不得其道，其祸之流于积极方面者，则侥幸心发达是也。有性属于阳刚者，则为傲。而输入之新军制，乃适为其武器。何则？旧营制统领有坐营，而新军制则师长舍两旅外，无术可以运用一师也。有性属于阴柔者，则为媚。而中国之旧习惯乃适为其捷径。何则？新军制用人，有一定之资格，而旧制统领可以自择营官也。傲与媚交相为用，是名曰人才之横决，横决不可治也。其祸之流于消极方面者，则希望心之绝灭是也。其见于议论者，则亡国灭种之言也；其发诸行事者，则醇酒妇人之行也。对于职务无兴味，而图一日之安乐也，谋将来之退步也，是名曰人才之自杀。自杀不可救也。综言之，是曰国家之自暴自弃。

然则有道乎？曰：有，中国有成法也。绿营之制，官有定缺，升补有定例。故一将弁虽老死不得一职而无怨者，法在而无可如何也。虽人才有消乏之虞，而法律足以平人之心也。湘、淮军之制，统领自择其营官，营官自择其哨官，一军之内，指臂相联络。虽国家有外重内轻之弊；而一军之秩序犹足以自保也。遵是二者，虽不足以应世界大局之变，犹足以图国家一日之安也。

资格不可去，所以立军秩也；过用之，则其军萎。拔擢不可无，所以奖异才也；过用之，则其军乱。故内之欲振军秩，以为军纪之原；外之足以应世界，而为战争之备，则有新军制之通则在。

一曰出自必有一定之范围，而学校之养（成）与军队之需要必相一致也。各国初级官之任命，有必经之阶级三：（一）必经团长许可，始补入队为候补生；（二）必经学校毕业，始得归队为见习官；（三）必经将校团会议承认，始得有任命少尉之资（格）。其（一）与（三），所以图军部内之一致；其（二），所以图全国军队之一致也。必如是，而新式之编制乃始有效验。故学校不得舍军队而自招学生，军队不能舍学堂而自辟将校，此定义也。而军队之与学校，必以供求相应为原则。科举之法，岁择其民之秀者贡之，贡之未必即用之也。若下级之缺数未之知，而曰姑造就多数之人才。我将择而用焉，是曰以科举之法办学校，而结果将较科举为尤坏。何则？得科举而不官，犹足以自存；学校毕业而无职，社会上无术以自存也。群天下之年少气盛而奔走南北焉，国之危弱，盖可知矣。

二曰升补之资格，有一定之顺序，而官与职必相联系了。各国凡全国将校之高下，视其级，级等视其年（补官之年月），年等视其序（日本制），或其年之老少（德国制）。自大元帅迄最新之少尉，皆有一定之序，年出一册，曰停年名簿。而少尉之升级，等而上之，迄于上将，皆可以预算焉。军有额，职有缺，而官与职必相俟焉。虽以皇帝之大权，不能越级而任人以官，无缺而授人以职，以示国家之进退人才，非私人所得而左右之也。

三曰拔擢之方法，有一定限制，而权不操诸一人，事不定诸一日也。拔擢者，所以励士气，登人才，顾必受者无幸得之心，而不受者无不平之念，则其效始宏。故名国有停年制，以示拔擢制之最小限（如少尉非二年不能升中尉之类）。而德国则尤慎之又慎。拔擢之新少校，决不使与资格老之上尉同队，慎军秩也。拔擢之方法，则各长官按阶级岁呈其部下之考科表于上，以详纪其部下之性能，即以自表其识人之能力。团以汇诸旅，旅以汇诸师，师以汇诸军，军以汇诸中央而取择焉。皆曰贤也，而后用

之。非中央一人所可私，亦非咄嗟之间所能定。盖深有得乎知人之难，而国家不敢蔑视其全国人才，如是其至也。

四曰退役有定时，而俸足以自给也。承平久，则升进迟；高级官多老衰，则军气不振。其在德，则限于军秩，不愿拔异才而特宠之。但于军队中多去其无能者，而能者之力自显。然退役云者，非弃之也。有相当之俸给，以保其位置；有相当之事业，以利用其精神。国家有以报其劳，个人亦有以自处，而相安于正轨也。

此则人事之要纲也。要之，人事者，军秩之原，军纪之础，而服从之所由生也。人事不整理，而欲求军队之服从，不可得也。

经理不得其法，则平时可以掷无限之金钱，而临时军队寸步不能动。当费而不费，则事不举；不当费而费，则财用匮。日本陆军费近始达一万万，而称霸于东方者，非天也，抑非人力也。陆军经理，自成专科之学，其内容之详密，范围之广阔，实举法律、军事、科学三项之知识而兼备之。兹就其要纲言，则有二纲四目：

其一，则国法之要求与战争之要求相一致也。国家行政之事根于法，而军队惟一之目的在乎战胜。公物之运用，国法上之事务也。凡一出一纳，违乎法定之手续者，即谓之不正当，非好为繁重也，法立则然也。军队以战斗为目的，而其需用贵迅速，贵确实，则时或有立军制于国法之外者矣。调和于二者之间，就国法之范围内，而与战备之本旨相合，则经理事务之所以可贵也。故经理之者，媒介于军政、军令之间者也。

其二，则会计与监督必相互为用也。会计者，即各种经理方法之实行。监督者，即各项事务正确之保证。惟会计有秩序，而监督始有凭借；监督有方法，而会计乃能征实。会计之事，始于预算，终于决算。监督之事，慎于事前，结于事后。财政依二者以成立，军实亦依此二者以充足也。

就经理之事实言，则分其事务为四：

一曰金钱经理。金钱者，各物之总纲，其事务最复杂，而范围最广大者也。其出纳之机关，必为合乎法定资格之金柜，所以重国库之收支也。其在中央，则有中央之金库及地方之分库。其在军队，则有金柜委员。联络于二者之间，为有征收支付命令权之军需处长。其保管，以二人以上为原则；其出纳，以凭证为前提；其授受取与之系统，皆各负责任而互为监视，此其大较也。

二曰被服经理。被服经理，以委任于军队为原则，所谓委任经理制者是也。中央机关所负之责，为原料之供给、制式条例之规定，及各军事务之监视而已。盖被服之持久力，视使用时之注意与否以为衡。故即委任于军队，年给以一定之额，使自行周转，则预算无激变之虞，而事务有便利之益。此被服经理之大要也。

三曰粮秣经理。根据于军事卫生经济之要旨，中央定人马给予之制，而事务则军队别设委员以经理之，以长官负其责，亦委任经理之一种也。恒准战术单位，而作炊爨单位，以作粮秣事务之基础。此粮秣经理之大要也。

四曰营缮经理。营缮者，关于军事上所使用土地、家屋之建筑、修理、利用之谓。其统辖监督之责为陆军部，而分任于各军长官。军队则有营缮委员以管理平日之保存修理事务，为技术上之审查设计。此营缮经理之大要也。

此则经理之要纲也。凡此繁重复杂之规则手续，则必在上有诚实奉法之精神以举之。否则，计算之烦琐，适足以为作伪之具；机关之复杂，适足以增事务之烦，而于实际仍无当也。则治法尤贵治人之说也。

是故用人得其道，用财得其法，则兵可征，器可制，编制得其用，教育得其据。识人至难也，理财至密也，无诚则法无以立，无志则诚无自生。故曰：以必战之志，策必胜之道者，治兵之原则也。

护国军政府布告

（一九一六年一月一日）

维中华民国五年元旦，中华民国护国军政府檄曰：盖闻辅世之德，笃于忠贞，长民之风，高于仁让。使枭声雄夫，野心狼子，逞城狐之凶姿，弄僭于高位，则我皇王孝孙，并世仁贤，谊承先烈，责护斯民，哀恫郁纤，成兹愤疾，大义敦敕，谁能任之？国贼袁世凯，粗质曲材，赋性奸黠，少年放僻，失养正于童蒙，早岁狂游，习鸡鸣于燕市，积其鸣吠之长，遂入高门之窦。合肥小李，惊其谲智，谓可任使。稍加提擢，遂蒙茸泽，身起为雄。不意其浮夫近能，浅人侈志，昧道憎学，骋驰失辔，遂使颠蹄东国，覆公悚以招虎狼；狡诈兴戎，缺金瓯以羞诸夏。适清廷昏昧，致逃刑戮。犹复包藏秽毒，不知愧耻，殚其暮夜之劳，妄窃虎符之重。黄金横带，卖屠主于权门；黑水滔天，引强敌以自重。虽奸逆著明，清廷知戒；犹潜伏羽势，隐持朝野。降及辛亥，皇汉之义，如日中天，浩气飚飞，喷薄宇宙。风云滞沛，集兴武汉之师；士马精妍，远响东南之鼓。造黄龙而会饮，纳五族于共和。大势垒集，指日可期。天不佑华，诞兴贼子；蠢彼满室，引狼自庇。袁乃赁借旧资，攀缘时会；伪作忠良，牢笼将卒；胁逼孤寡，夺据朝权。复伪和民声，迷夺时贤；虚结鬼神，信誓旦旦，懦夫惧戒，过情奖许。维时南军渠帅，实亦豁达寡防，堕彼奸计，倒持大［太］阿，豢此凶逆。迨大邦既集，势威益专，遂承资跋扈，肆行凶忒。贿奔虺蜮，棋布阴谋；毒害勋良，谣惑众志；造作威福，淆撼国基；背法叛民，破败纲纪。癸丑之役，遂有讨伐之师。天未悔祸，义声失震。曾不警省，益复放横，骄弄权威，胁肩廊庙。是以小人道长，凶德汇征，私托外援，滥卖国权，弑害民会，私更法制，纵兵市朝，威持众论，布散金璧，诱导官邪。冀以其积威积恶之余，乘世风颓靡、廉耻灭没之后，得遂其倒行逆施、僭登九五之欲，故四载以还，天无常经，国无常法，民无定心，官无定制，丹素不终朝，功罪不盈月。游探骄兵，睢盱路途；贪官污吏,渎乱朝野,以致庶政败弛,商工凋敝。犹复加抽房亩,朝夕敛征;假辞公债,比户勒索;淫刑惨苛,民怨沸腾;凶焰所至,道路以目。此真世道陵夷之秋,天人闭隐之会,四凶所不敢为,汤武所不能宥者矣。维皇汉九有,奠安东陆,时流漂荡,越在迍遭,缅维祖德,孰敢怠荒?复我邦家,义取自拯。故辛亥之役,化私为公,志在匡时,道维共济。袁乃睥睨神器,妄欲盗窃。内比奸邪,既多离德;外遂屠隤,甘为犬豚。是以四郊多垒,弗知惭悚;海陆空虚,弗思整训;材用匮竭,弗事功来;健雄失养,弗兴学艺;室如悬罄,野无青草。犹复养寇外蒙,削国万里;失驭东鲁,屡堕岩疆。遂使满蒙多离散之民,青徐有包羞之妇。扼我封疆,揕我心腹。皇皇大邦,苟为侮戮,日蹙百里,媚兹一人。此尤我侠士雄夫所腐目切齿,惊惧忧危而不可一朝居者也。夫天道健乾,义维精一,在德则刚,制行为纯。故士不贰节,女不贰行,廉耻之失,谥曰贱淫。四维不张,国乃灭亡。自民族国家威灼五陆,雄风所扇,政骛其公,国竞以群。是以乾德精刚,宜充斥里闾,洋溢众庶,旁魄沆瀣,蔚为骏雄。故辛亥之役,黜君崇民,扬公尊国,所以高隆人格,发扬众志,义至精而理至顺。故虽旧德老成,去君不失忠,改官不降节。袁氏身奉先朝,职为臣仆,华山归放,仅及四纪,载瞻陵阙,犹宜肃恭。故主犹存,天良安在?顾藐然以槽枥余生,不自揣量,妄欲以其君之不可者,而自为其可。是何异饰马牛之骨,扬溲勃之灰,以加臭乎吾民,淫污乎当世。而令我名公先德,皆为其贱淫;白璧黄金,渲其瑕秽。此尤我元戎巨帅,良将劲卒,硕士伟人,所同羞共愤,深恶痛绝,而不能曲为之宥者也。汇此种种袁氏之恶,实既上通于天,万死不赦。军府奉崇大义,慨念生民,谨托我黄祖威灵,恭行天罚。辄宣兹义词,告我众士,招我同德。今将历数其罪,我国民其悉心以听。夫国为重器,神严尊惮,覆载所同,建国之始,义当就职南京,明其所受。袁乃顾影自惭,妄怀畏惧,阴纵部兵,称变京邑,用以吓[挟]国人,迁就受职,使国权出于遥受,玩视国家之尊严。其罪一也。活佛称异,势等毛羽,新国既成,鼓我朝锐,相几挞伐,举足可定。袁乃瞻顾私权,妄怀疑忌,全国请讨,置不听从,迁延养敌,废时失机。授他邦以蹯隙纵刃之间,失主权于外力纠纷之后。遂使巨蜿蜒嶂,弃此南金,万里边城,跃马可入。贻宗邦后顾之殷忧,损五族雄飞之资望。其罪二也。政体更新,荡涤瑕秽,私门政习,首宜改选。故内阁部首,须获议院同意,所以树公政之础,明众共之义。袁乃病其严责,阴图放佚,于第一次内阁联翩去职之后,尽登宠嬖。嗾使军警围逼议员,索责同意,用以示威国人,

蔡锷

开武力政治之渐，使民意机关失其自由宣泄之用。其罪三也。国有大维，是曰法纪，信守不立，谥为国疑，乱政亟行，于焉作俑。故侵官败法，为世大诟。袁为元首，尤宜凛遵。乃受事未几，即不依法定程序，滥用政府威权，诬杀建国勋人张振武，使法律信用失其效能，国宪随以动摇，政本因而销铄。其罪四也。国宪之立，系以三权，共和之邦，主体在民，立法之府，谊尤尊显；地方三级，制实虚冗，建国除秽，亦既罢黜。袁乃急欲市恩，妄复旧制，不俟公决，辄以令行，使议院立法失其尊严，国权行使因以紊乱。其罪五也。财政担负，直累民福。外债侵逼，尤伤国权。议案成立，特事严谨，众院赞可，宪尤著明。袁乃私立外约，断送盐税，换借外赀二千五百万磅［镑］，厉民害国。不经众院，暧昧挥霍，不事报闻，蔑视通宪，为逆已甚。其罪六也。国有元首，政俗式凭，行系国华，止为民范。袁乃知除异己，不自爱重，阴遣死士，狙杀国（民）党领袖宋教仁。以元首资格，为谋杀凶犯，既辱国体，且贻外讥，国家威严，因以扫地。其罪七也。共和之国，建础为公，民意所在，亦云神圣。百尔职司，义宜退听。国会初立，人民望治。袁恐政制严明，不获罔逞，乃私拨国帑，服养爪牙，收买议员，笼络政客，用以陷辱国会，迷夺众情，使议政要区，化为捣乱之场，法案迁延，藉作独裁之柄。其罪八也。元首登选，国有常经，揖让讴歌，盛德固尔。抑共和定疑，国宪崇废，悉于是觇。世法凛凛，斯为第一。袁于临时任满正式更选之际，鄙夫患失，至兵围国会，囚逼议员，使强选总统以就己名，致元首尊官，成于劫夺，共和大宪，根本动摇。国是益以危疑，后进难乎为继。其罪九也。国民代表，职司立法，非还诉民意，毋得断阁。袁于总统既获，复虑旁掣，辜恩反噬，遽为枭獍。乃假托危词，罗织党狱，滥用行政权，私削议员资格，用以鸩杀国会，并吞立法部，使建国约法，由是推翻，元首生身，等于孽子。其罪十也。国家组织，法系严明，苟非选民，焉能造法？袁于戕杀国会之后，妄以私意，召集官僚，开政治会议、约法会议，冒称民意，更改约法，模拟君主，独揽大权，使民国政制，荡然无存，滥污新邦，悬为虚器。其罪十一也。民国肇造，本以图存，时风所迁，民强则兴。发挥群能，腾达众志，公私权利，宜获敬尊。袁乃倒行逆施，黜民崇吏，既吞立法，复尽灭各级地方议会；密布游探，诬扳党狱；良士俊民，任意捕杀；人民权利，全失保障。致群黎股栗，海内寒心，毒吏得以横行，民业日以凋瘵。民力壮盛，有若捕风，国势颓陵，益以卑下。其罪十二也。国局始奠，海内虚耗，财用竭蹶，义宜根本整理。袁乃专事虚缘，日以借债政策，利诱他邦，为私托外援之计。断送利权。绝不顾惜，逐鹿争臭，坌集庙朝。遂妄以中北二部横断铁道，分许他人，惹起国交之猜疑，增益宗邦之危难。其罪十三也。欧陆战争，义宜严守中立，及时奋进。袁乃内骄外谀，折冲无状，既反复狼狈，贻羞东鲁，复徘徊雌伏，冀立要盟。失满蒙矿权，至于九处；承他邦意旨，发布誓言。辱国辱民，倾海不涤。其罪十四也。民族虎争，领土强食，外债毒国，既若饮鸩，竭泽厉民，何异自杀。袁于欧战既发，外赀猝断，乃专事掊克。内为恶税，房亩烟赌，一再搜括。复先后发行国内公债，额逾万万，按省配摊，指额求盈，小吏承旨，比户勒索，等于罚锾。致富户惊逃，阎（间）里嗟怨，国民信爱，斫丧无余，神州陆沉，殷忧可畏。其罪十五也。生利致用，民贵有恒，纵博浪游，谥曰败子。盗贼充斥，此为厉阶，修政明刑，首宜致谨。袁乃纵容粤吏，复弛赌禁，使南疆富庶之区，负群盗如毛之痛。苛政猛虎，同恶相济，清乡剿杀，无时或已，政以福民，今为陷阱。其罪十六也。烟害流离，久痼华族，张皇人道，仅获禁约，奋厉阔绝，犹惧不亟。袁乃恬其厚获，倚以箕敛，宠登劣吏，设局专卖，重播官烟，飞扬淫毒，失信害民，辱国贻讥。其罪十七也。民权政治，积流成海，国家公有，炳若日星。世室旧家，且凛兹成谊，汲汲改进；华族后起，方发皇古训，追纵世法。断脰流血，久而后得，大义既伸，迕则不忠，乔木既登，返则不智。袁乃身为豪奴，叛国称帝，监谤饰非，炰然求是，狐假虎威，因以反噬，使凶德播流，戾气横溢，妖孽丧邦，甘为祸首。其罪十八也。易象系天，筮日无妄，圣学传经，谊唯存诚。故忠信笃敬，保为民彝，衍为世德。袁乃机械变诈，崇事怪诡，貌为恭谨，潜包祸谋。秘电飞词，转兴众口，涂曷引鹿，指称民意，欺世盗名，载鬼盈车，背誓食言，日月舛午。使道德信义，全为废词，民质国华，尽量消失。其罪十九也。维我当时耆德，草野名贤，或手握兵符，风云在抱；或权领方牧，虎步龙骧；或道系乡间，鹤鸣凤翔，细瞩理伦，横流若此；起瞻家国，悲悯何如？凡属衣冠之伦，幸及斯文未丧；等是邦家之主，胡堪义愤填膺！谯彼昏逆，洵应发指，修我才〔矛〕戟，盍赋同仇？书到都府，勋著者便合众兴师，郡邑子弟，各整戎马，选尔车徒，同我六师，随集义麾，共扶社稷。昆仑山下，谁非黄帝子孙？涿鹿原中，会洗蚩尤兵甲。军府则总摄机宜，折冲外内，张皇国是。为兹要约曰：凡属中华民国之国民，其恪遵成宪，翊卫共和，誓除国贼。义一。改造中央政府，由军府召集正式国会，更选元首以代表中华民国。义二。罢除一切阴谋政治所发生不经国会违反民意之法律，与国人更

蔡锷

始。义三。发挥民权政治之精神，实行代议制度，尊重各级地方议会之权能，期策进民力，求上下一心全力外应之效。义四。采用联邦制度，省长民选，组织活泼有为之地方政府，以观磨［摩］新治，维护国基。义五。建此五义，奉以纲维。普天率土，罔或贰忒。军府则又为军中之约曰：凡内外官吏，粤若军民，受事公朝，皆为同德。义师所指，戮在一人。元恶既除，勿有所问。其有党恶朋奸，甘为逆羽，杀无赦；抗颜行，杀无赦；为间谍，杀无赦；故违军法，杀无赦。如律令！布告天下，迄于满蒙回藏青海伊犁之域。中华民国护国军政府都督唐继尧、第一军司令官蔡锷、第二军司令官李烈钧。

蔡锷

致梁启超书

（一九一六年一月五日）

任师函丈：

锷于抵东、抵滇之后，寄津、沪各一电，计达。弥月来周历万里，细察各处情形，多为始料所不及。综言之，人心团结，气象发皇。前所谓急进派者反诸平实，稳健派者力去弛惰而已。兹将滇情陈告梗概，殊足以慰吾师也。

滇中级军官健者如邓泰中、杨蓁、董鸿勋、黄永社等，自筹安会发生后，愤慨异常，屡进言于其督，并探询主张，以定进止。蓂以未得吾侪之意向所在，且于各方面情形不悉其真相，遂一意稳静。荏苒数月，莫得要领。暨闻敝宅误被搜查，锷引病出京之耗，慷慨激昂之声浪复起。迄王伯群到滇，将锷在津所发一函递到，先锷五日抵滇，蓂意遂决。锷经越入滇，注意颇属周到，不欲以色相示人。此乃秘密消息，不瞬息而传遍，盖船埠、车站、旅馆均有人坐候，遂至无可避匿。抵滇之日，儿童走卒群相告语，欣然色喜。不数日，金融恐慌为之立平，物价亦均趋平静。迄宣布独立后廿五、六等日，人心更为安适。日来举办护国纪念会，人气敌忾，有如火如荼之观。滇人侠勇好义，于此可窥见一斑。

军事部署，悉如在京时所议。惟军队分驻地相距辽远，交通复极不便，动员集中，极为濡滞。现第一梯团五日内可达昭通（距省十三站），其前锋已将川边之燕子坡（为滇师入川要隘。系川境，距昭通十站，距叙州三站）占领。第二梯团日内由省出发，俟抵毕节（为滇黔蜀用兵必争之地，距滇垣约十三站）后，相机进行。第三梯团须元宵后可集中省会，预计非二月中旬不能抵川境。现决以蓂留守，锷出征，合并军、巡两署，恢复都督府，召集省议会，组织略如元、二年旧制。出征部只设总司令部。原议设元帅府，暂从缓，盖欲力事谦抑以待来者。锷拟于一星期后出发，所部兵力虽不厚，亦应早发，以作士气而促进行。

再告全国同胞书

（一九一六年一月）

我们中华民国成立已经五年了。组织这个民国，由我们全国的人民同心同德的组织而成，所以民国是人人有责任的。革命以前，我们中国处在极危险的地位，志士仁人，奔走叫号鼓吹，全国的人民拼了多少的头颅，多少的血肉，才换得这个中华民国。各国也承认了，总统也举起了，竟把我们国家作成公共的国家，人人都有国家的责任。若是大家同负这个责任，才能够保存我们国家，生存于列强竞争的世界上。不料众人推举袁世凯作了大总统，第一件就大借外债，把盐款抵押与外国。外债到手，他就大肆挥霍，不上三月，把这款项用尽了，又时时想方法再借。第二件就取消议会。民国的政体，是取决于议会，方得施行。他议会也不用，就成一个人的专横了。第三要加赋加税。民国的人民，本有纳税的义务。中国人民的纳税，比各国甚轻。若是正当支用，就是加赋加税，也是常事，人民也要多尽点义务。不过袁氏得了人民的钱，不用在国家正经的事情上。如爱国储金一项，用在筹安会上，鼓吹帝制；如大借款一项，多用在选举总统上。由此看来，袁氏加赋加税，只用在一人身上挥霍，并没有益于国家一点。第四件是他排斥异己。与他政见不合的，他就多方设计陷害，如刺宋教仁就是一端。其余害死的也很多，也无人敢问。他就渐次的专横起来，忽然想起要作皇帝，要把我们公共的国家，化作他一家人的私业。把救国储金团的银钱，拿来办一个筹安会，四出蛊惑百姓，说我们中国不是君主立宪就不能存立。又假托人民的意思，说是人民公推他作皇帝。又谁个不知是他几个人作成的，或是利诱，或是威迫。试问我们百姓，那一个晓的这件事？那一个推举他作皇帝？所以他们英、德、法、俄、日本五国，见他要作皇帝，就有警告前来。我们国家的内政，外人就干涉起来了。袁氏的野心不死，又极力运动登九五之位，只顾他一家人的尊荣富贵，不管我们国家的存亡。所以本军不忍坐视自己的国家亡在旦夕，应天顺人，首在云南起义，举兵北伐，要把这个蠹国殃民的妖孽除了。现在各省久已痛恨，不过尚未发动，听得云南起义，各省也就响应，粤、桂、湘、黔、江、浙已经早早联为一气。若是各省也同心协力，日后直杀到北京，把这国贼除了，另行组织我们原来的民国政府，改良我们民国的政治，万众一心，事就易成。惟望各省军界以及志士仁人，能够与我军同心协力，把袁贼除了，共同维持我们的民国，我们就同享幸福，不至永远堕落在浩劫里了。现在我军到处，秋毫不犯的。贸易须照常贸易，也不得高抬市价。军人们也不肯准他强买强卖。此次出兵，是为众百姓驱除害百姓的独夫，百姓总不要惊慌，更不要捏造谣言，互相惊恐。若是造谣生事，就是甘为袁氏的奸细，本军决不姑容。日后把这国贼除了，我们重新整顿共和的国家，改良我们共和的政治，同享共和的幸福。但是此事的成就，须要万众一心，共同出力，就不难了。我们军民同胞，也不少热心爱国的，若弃逆从顺，执戈起义，就在此时此机。倘与本军响应，本军从重加赏，决不失信。皇天后土，共鉴此心，此檄。

蔡锷

告别蜀中父老文

（一九一六年八月）

　　锷履蜀土，凡七阅月矣。曩者驰驱戎马，不获与邦人诸友以礼相见，而又多所惊扰，于我心有戚戚焉。顾邦人诸友曾不我责，而又深情笃挚，通悃款于交绥之后，动讴歌于受命之余。人孰无情？厚我如斯，锷知感矣！是以病未能兴，犹舁舆入蓉，冀得当以报蜀，不自知其不可也。乃者视事浃日，百政棼如，环顾衙斋森肃，宾从案牍，药炉茶鼎，杂然并陈，目眩神摇，甚矣其惫！继此以往，不引疾则卧治耳。虽然，蜀患深矣！扶衰救敝，方将夙兴夜寐，胼手胝足之不暇，而顾隐情惜己，苟偷食息，使百事堕坏于冥冥，则所谓报蜀之志，不其谬欤！去固负蜀，留且误蜀；与其误也宁负。倘以邦人诸友之灵，若药瞑眩，吾疾遂瘳，则他日又将以报蜀者补今日负蜀之过，亦安在其不可？锷行矣，幸谢邦人，勉佐后贤，共济艰难。锷也一苇东航，日日俯视江水，共证此心，虽谓锷犹未去蜀可也。

蔡锷

致梁启超书

（一九一六年九月五日）

任师函丈：日来精神似觉稍旺，喉痛亦减。惟嫌主医过忙，不能于病情注意周到；而看护人尤为鲁莽灭裂，无术挽回；加以空气混浊，万籁齐鸣，殊非可以久居。锷意仍以赴东为宜。影响之谈，殊不足置信也。季常、运龙，甚盼早来一晤，俾抉择一是。手此，敬叩晨安。锷谨上。五号，上八。外致成都二电，乞饬译发。

《盾鼻集》序

(一九一六年九月九日)

帝制议兴,九宇晦盲。吾师新会先生居虎口中,直道危言,大尽力,殊为歉然。克强舍身为国,功在天下后世,应请组公电中央特别优恤。如须联衔,可列锷名。并希我湘绅耆发起表彰,崇报千秋,尤所盼感。锷叩。

蔡锷

祭黄兴文

(一九一六年十一月初)

呜呼，伤哉！予继今将何从而视吾丰硕魁梧之克强君？孰故于此控抟而颠催之，岂天上悲剧者而有抑塞磊落之功名心？呜呼伤哉！我国体之发育，在甚不完全之态度。君既创作其轮廓，而吹万不同以成一；胡为卒卒脂尔逆旅之车轴，弃我如蚁赴汤、如羊失牧总总之四亿？呜呼伤哉！君非仅长余十年也耶，而为予弱冠时相与矫翼厉翮于江户之敬友？既黯然别以若斯之匆匆，君其安用于旧世界为豪胆之怀疑，而批大卻、导大窾，以一扫东方学者之唯唯否否？呜呼伤哉！君始以趣起社会之动机，对于永静之惰性，而以其悲智显继；以非利己主义之直接认识，传习于湘沅间，卒乃冒死以脱险，既同情激感夫九世复仇之义。君又变历史之声，而与自由思想以黄胄之发展；苟夷考其行而不谬，君其安忍此而与今世远？呜呼伤哉！共和之胎影方新，而专制之第一缩图，诚勇刚强不可陵；所得之秉彝者不可以久假，乃破坏其肉体，而挟其高贵者以他趋，讵乌托邦之待治，更危急于此疮痍鼎沸之危区；乃上违去其衰白之老母，而下以弃远其稚孤。君纵不欲以其家托诸后死之吾；徒紧我国人，将此呱呱保抱之婴儿国，托诸谁氏之将扶？呜呼！予已血为之厥，泪为之枯；念人事之靡常，壮健如君而犹速化，翻欲以造物之倒行逆施者，以自慰藉此浮沉一年余中之病躯。予言有穷，而痛将无有已时也！予继今将何从而视君之丰硕魁梧？呜呼伤哉！

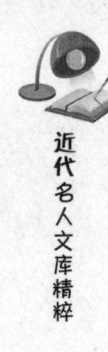

挽黄兴联

（一九一六年十一月初）

以勇健开国，而宁静持身，贯彻实行，是能创作一生者；
曾送我海上，忽哭公天涯，惊起挥泪，难为卧病九州人。

黄遵宪

作者简介

黄遵宪（1848—1905） 近代诗人。字公度，别号人境庐主人，曾署"东海黄公""法时尚任斋主人""北苍雁红馆主人"，广东嘉应州（今梅州市）人。清光绪二年（1876）举人。曾任美国旧金山总领事、新加坡总领事。回国后，入张之洞幕，主持江南洋务局。1895年，参加强学会。次年，与汪康年、梁启超在沪创办《时务报》，鼓吹变法。后被任为出使日本大臣，未成行而政变发生，去职还乡。在提倡政治变法的同时，与谭嗣同、夏曾佑等人倡导"诗界革命"，被认为是"诗界革命"的一面旗帜。论诗主张"我手写我口"，认为"今之世界异于古"，今人作诗"何必与古人同"，诗歌应表现"古人未有之物，未辟之境"；诗歌形式应熔铸古今，变化多样，力求创新。一生诗歌创作达千余首，内容广阔，记录中国历史上的重大事变，反映中国近代社会的严重危机和主要矛盾，批判落后事物，表现爱国精神。诗歌多鸿篇巨制，采用散文手法，不避新名词和"流俗语"，努力使旧格调与新内容相和谐，语言通俗，气势流畅。著有《人境庐诗草》《日本国志》《日本杂事诗》等。

人境庐诗草卷一

黄遵宪

感 怀

世儒诵《诗》《书》，往往矜爪嘴，昂头道皇古，抵掌说平治。上言三代隆，下言百世俟，中言今日乱，痛哭继流涕。摹写车战图，胼胝过百纸。手持《井田谱》，画地期一试。古人岂我欺，今昔奈势异。儒生不出门，勿论当世事，识时贵知今，通情贵阅世。卓哉千古贤，独能救时弊，贾生《治安策》，江统《徙戎议》。

有清膺天命，仁泽二百年，圣君六七作，上追尧舜贤。熙隆全盛时，盖如日中天。帷闼外戚患，干戈藩镇权，煽虐奄人毒，炀灶权臣奸，百弊咸荡涤，王道同平平。迩者盗潢池，神州污腥膻。治久必一乱，法弊无万全。谓由吏惰窳，亦坐民殷阗。当世得失林，未可稽陈编。儒生拾古语，谓当罪已愆。显皇十一载，忧虞怵深渊。拔擢尽豪杰，力能扶危颠。惟念大乱平，正当补弊偏。且濡浯溪笔，看取穿碑镌。

吁嗟两楹奠，圣殁微言绝。战国诸子兴，大道几灭裂。劫灰出秦燔，六籍半残缺。皇皇孝武诏，群言罢一切。别白定一尊，万世循轨辙。遗书一萌芽，众儒互拾掇。异同晰石渠，讲习布绵蕝。戴凭席互争，五鹿角娄折。

洎乎许郑出，褎然万人杰。宋儒千载后，勃窣探理窟。自诩不传学，乃剟思孟说。讲道稍僻违，论事颇迂阔。万头趋科名，一意相媚悦。圣清崇四术，众贤起颉颃。顾阎辟初涂，段王扬大烈。审意得古训，沈晦悉爬抉。读史辨豕亥，订礼分祖袭。上溯考据家，仅埒文章列。儒于九流中，亦只一竿揭，矧又某氏儒，途径各歧别，均之筐篚物，操此何施设？大哉圣人道，百家尽囊括，至德如渊骞，尚未一间达。区区汉宋学，乌足尊圣哲。毕生事钻仰，所虑吾才竭。

乙丑十一月避乱大埔三河虚

六月中兴洗甲兵，金陵王气复升平。岂知困兽犹能斗，尚有群蛙乱跳鸣。一面竟开逋寇网，三边不筑受降城。细民坚壁知何益，翘首同瞻大帅旌。

《南风》不竞死声多，生不逢辰可若何！人尽流离呼伯叔，时方灾难又干戈。诸公竟以邻为壑，一夜喧呼贼渡河。闻说牙璋师四起，将军翻用老廉颇。

星斗无光夜色寒，一军惊拥将登坛。争功士聚沙中语，遇敌师从壁上观。谁敢倚公为砥柱，可怜报国只心肝。东南一局全输却，当局翻成袖手看。

七年创痛记分明，无数沙虫殉一城。逐鹿狂奔成铤走，伤禽心怯又弦惊。爷娘弟妹牵衣语，南北东西何处行？一叶小舟三十口，流离虎穴脱余生。

拔自贼中述所闻

红巾系我腰，绿纱裹我头。男儿重横行，阿嫂汝莫愁。
朝倾百斛酒，暮饱千头羊。时时赌博管籥，夜夜迎新娘。
今日阿哥妻，明日旁人可。但付一马驮，何用分汝我。
四更起开门，月黑阴云堆。几时踏杀羊，老虎来不来？

黄遵宪

潮　州　行

人生乱离中，所谋动乖忤。一夕辄三迁，踪迹无定所。自从居三河，谓是安乐土。世情谁念乱，百事恣凌侮。交交黄鸟啼，此邦不可处，一水通潮州，且往潮州住。是时北风寒，平江荡柔橹。行行将近城，炊烟密如缕。行舟忽不前，有盗伏林莽，起惊贼已来，快橹飞如雨。舟人急系舟，挥戈左右拒。翻惧力不敌，转逢彼贼怒，扣舷急相呼，"不如任携取"。流离患难来，行箧无几许，但饱群贼囊，免更遭劫虏。一声霹雳炮，杀贼贼遽去。虎口脱余生，惊喜泣相语。回看诸弟妹，僵伏尚如鼠。起起呼使坐，软语相慰抚，扶床面色灰，谬言不畏惧。吁嗟患难中，例受一切苦。须臾达潮州，急觅东道主。剪纸重招魂，招魂江之浦。

喜闻恪靖伯左公至官军收复嘉应贼尽灭

诸侯齐筑受降城，狂喜如雷堕地鸣。终累吾民非敌国，又从据乱转升平。黄天当立空题壁，赤子虽饥莫弄兵。天下终无白头贼，中原群盗漫纵横。

恢恢天网四围张，群贼空营走且僵。举国望君如望岁，将军擒贼早擒王。十年窃号留余孽，六百名城作战场。今日平南驰露布，在天灵爽慰先皇。

乱后归家

遂有还家乐，跳梁贼尽平。举家开笑口，一棹出江城。儿女团圞坐，风波自在行。惊魂犹未定，夜半莫呼兵。

即别潮州去，还从蓬辣归。累人行箧少，滞我客舟迟。颠倒归来梦，惊疑痛定思。便还无处所，已喜免流离。

一炬成焦土，先人此敝庐。有家真壁立，无树可巢居。小妇啼开箧，群童喜荷锄。苔花经雨长，狼藉满家书。

便免颠连苦，相依此一窝。窗虚添夜冷，屋漏得天多。豺虎中原气，蛟螭海上波。扫除勤一室，此志恐销磨。

送女弟

阿爷有书来，言颇倾家赀。箱奁四五事，莫嫌嫁衣希。阿母开箧看，未看先长欷。吾家本富饶，频岁遭乱离。累叶积珠翠，历劫无一遗。旧时典衣库，烂漫堆人衣，今日将衣质，库主知是谁？扫叶添作薪，烹谷持作糜。尺布尚可缝，亲手自维持，行行手中线，离离五色丝，一丝一泪痕，线短力既疲。即此区区物，艰难汝所知。所重功德言，上报慈母慈。

中原有旧族，迁徙名客人。过江入八闽，辗转来海滨。俭啬唐魏风，盖犹三代民。就中妇女劳，尤见风俗纯。鸡鸣起汲水，日落犹负薪。盛装始脂粉，当饰惟綦巾。汝我张黄家，颇亦家不贫。上溯及太母，劬劳无不亲。客民例操作，女子多苦辛。送汝转念汝，恨不男儿身。

阿母性慈爱，爱汝如珍珠。一日三摩挲，未尝离须臾。今日送汝去，执手劳踟蹰。汝姑哀寡鹄，哀肠多郁纡。弟妹尚稚幼，呀呀求乳雏。太母持门户，人言胜丈夫，靡密计米盐，辛勤种瓜壶。一门多秀才，各自夸巾裾。粥粥扰群雌，申申詈女媭。汝须婉以顺，朝夕承欢娱。欢娱一以承，我心一以愉。待汝一月圆，归来话区区。

二十初度

堕地添丁日，时平万户春。我生遂多事，臣壮不如人。离乱艰难际，穷愁现在身。摩挲腰下剑，龙性那能驯。

游　丰　湖

西湖吾未到，梦想或遇之。濛濛水云乡，荷花交柳枝。今日见丰湖，万顷青琉璃。持问老东坡，杭颍谁雄雌？浃旬困积暑，泼眼惊此奇，恍如画图中，又疑梦寐时。人生为何事，毕世狂奔驰，黄尘没马头，劳劳不知疲？嗟我不能仙，岂能免人羁。要留一片地，自谋老来私。悠悠湖上云，耿耿我所思。下与鸥鹭盟，上告云天知。
浓绿泼雨洗，森森竹千个。亭亭立荷叶，万碧含露唾。四围垂柳枝，随风任颠簸。中有屋数椽，周遭不为大。罗山峙其西，丰湖绕其左。关门不见山，凿穴叠石作。前檐响稷稷，后屋旋水磨。扶筇朝看花，入夜不一坐。亭午垂湘帘，倦便枕书卧。偕妇说家常，呼儿问书课。敲门剥啄声，时有老农过。君看此屋中，非他正是我。行移家具来，坐待邻里贺。
斜阳照空林，徘徊未忍去。多恋究多累，掉头未可住。我生二十年，初受尘垢污。家计竭中干，俗状作先驱。飞鸟求枝栖，三匝方绕树。大海泛浮萍，归根定何处？渺茫发大愿，天意肯轻付。况今千里来，担簦期一遇。行锁矮屋中，蒸甑热毒注，密如营窠蜂，困似涸辙鲋。走雷转肠鸣，

渴水乞沫呴。谁能出尘世，一脱束缚苦？回头望此湖，万顷迷烟雾，梦魂时一游，且记湖边路。

长子履端生

刚是花生日，春风蔼一庐。爱防牛折齿，惭咏《凤将雏》。急喜先求火，痴心到买书。长安传一纸，欢慰定何如！

杂　　感

少小诵《诗》《书》，开卷动龃龉，古文与今言，旷若设疆圉，竟如置重译，象胥通蛮语。父师递流转，惯习忘其故。我生千载后，语音杂伧楚。今日六经在，笔削出邹鲁，欲读古人书，须识古语古。唐宋诸大儒，纷纷作笺注，每将后人心，探索到三五。性天古所无，器物目未睹，妄言足欺人，数典既忘祖。燕相说郢书，越人戴章甫，多歧道益亡，举烛乃笔误。

大块凿混沌，浑浑旋大圜，隶首不能算，知有几万年？羲轩造书契，今始岁五千。以我视后人，若居三代先。俗儒好尊古，日日故纸研，六经字所无，不敢入诗篇，古人弃糟粕，见之口流涎。沿习甘剽盗，妄造丛罪愆。黄土同抟人，今古何愚贤？即今忽已古，断自何代前？明窗敞流离，高炉蒸香烟。左陈端溪砚，右列薛涛笺。我手写我口，古岂能拘牵。即今流俗语，我若登简编，五千年后人，惊为古斓斑。

造字鬼夜哭，所以示悲悯。众生殉文字，蚩蚩一何蠢！可怜古文人，日夕雕肝肾，俪语配华叶，单词画蚯蚓，古近辨诗体，长短成曲引。洎乎制义兴，卷轴车连轸，常恐后人体，变态犹未尽。吁嗟东京后，世荼文益振，文胜失则弱，体竭势已窘。后有王者兴，张网罗贤俊，决不以文章，此语吾敢信。但念废弃后，巧拙同泯泯，欲求覆酱瓿，已难拾灰烬。我今展卷吟，徒使后人哂。

周公作《礼》《乐》，谓矫世弊害。秦皇焚《诗》《书》，乃使民聋聩。宋祖设书馆，以礼罗措大。吁嗟制艺兴，今亦五百载。世儒习固然，老死不知悔，精力疲丹铅，虚荣逐冠盖，劳劳数行中，鼎鼎百年内，束发受书始，即已缚杻械。英雄尽入彀，帝王心始快。岂知流寇乱，翻山櫌锄辈，诵经贼不避，清谈兵既溃。儒生用口击，国势几中殆。从古祸患来，每在思虑外。三代学校亡，空使人才坏。

谓开明经科，所得学究耳。谓开制策科，亦只策士气。谓开词赋科，浮华益无耻，持较今世文，未易遽轩轾。隋唐制科后，变法屡兴废，同以文章名，均之等废契。譬如探筹策，亦可得茂异。狗《曲》出何经？驴券书博士。所用非所习，只以丛骂詈。亦有高才生，各自矜爪觜。祖汉夸考据，媚宋争义理，彼此互是非，是非均一鄙。茫茫宇宙间，万事等儿戏。作诗一长吟，聊用自娱喜。

哭张心谷士驹三首

匆匆事业了潮州，竟认潮州作首丘。哀泣一家新故鬼，此邦与汝定何雠？

半盂麦饭一垆香，终有人来拜墓堂。只恨锦囊无剩稿，《广陵散》绝并琴亡。

一队同游少年辈，两年零落九原多。频频泪到心头滴，便恐明朝两鬓皤。

山　歌

自煮莲羹切藕丝，待郎归来慰郎饥。为贪别处双双箸，只怕心中忘却匙。

人人要结后生缘，侬只今生结目前。一十二时不离别，郎行郎坐总随肩。

买梨莫买蜂咬梨，心中有病没人知。因为分梨故亲切，谁知亲切转伤离。

催人出门鸡乱啼，送人离别水东西。挽水西流想无法，从今不养五更鸡。

邻家带得书信归，书中何字侬不知。等侬亲口问渠去，问他比侬谁瘦肥。

一家女儿作新娘，十家女儿看镜光。街头铜鼓声声打，打着中心只说郎。

嫁郎已嫁十三年，今日梳头侬自怜。记得初来同食乳，同在阿婆怀里眠。

自剪青丝打作条，亲手送郎将纸包。如果郎心止不住，看侬结发不开交。

第一香橼第二莲，第三槟榔个个圆，第四夫容五枣子，送郎都要得郎怜。

生　女

拜佛拈花后，居然见汝生。系丝谁健妇？急乳奈雏兄。觅果年来事，游山嫁毕情。一齐到心坎，杯酒醉还倾。

庚午六月重到丰湖志感

湖光潋潋柳阴阴，又作堤边叉手吟。客与名山同惜别，人逢旧雨渐交深。何时葛令移家住？犹是苑袤养老心。自拣黄柑亲手种，他年看汝绿成林。

游潘园感赋

神山左股割蓬莱，惘惘游仙梦一回。海水已干田亦卖，主人久易我才来。栖梁燕子巢林去，对镜荷花向壁开。弹指须臾千载后，几人起灭好楼台！

香港感怀十首

弹指楼台现，飞来何处峰？为谁刈藜藿？遍地出芙蓉。方丈三神地，诸侯百里封。居然成重镇，高垒蠲狼烽。

岂欲珠崖弃，其如城下盟！帆樯通万国，壁垒逼三城。虎穴人雄据，鸿沟界未明。传闻哀痛诏，犹洒泪纵横。

酋长虬髯客，豪商碧眼胡。金轮铭武后，宝塔礼耶稣。火树银花耀，

毡衣绣缕铺。五丁开凿后，欲界亦仙都。

盗喜逋逃薮，兵夸曳落河。官尊大呼药，客聚众喽啰。王面镌金宝，蛮腰跨革靴。斑阑衣服异，关吏莫谁何。

沸地笙歌海，排山酒肉林。连环屯万室，尺土过千金。民气多膻行，夷言学鸟音。黄标千万积，翻讶屋沈沈。

便积金如斗，能从聚窟消。蛮云迷宝髻，脂夜荡花妖。龙女争盘镜，鲛人斗织绡。珠帘春十里，难遣可怜宵。

《博物》张华志，千间广厦开。摩挲铜狄在，怅望宝山回。大鸟如人立，长鲸跋浪来。官山还府海，人力信雄哉！

流水游龙外，平波又画桡。佛犹夸国乐，奴亦挟天骄。御气毯千尺，驰风马百骁。街弹巡赤棒，独少市声嚣。

指北黄龙饮，从西天马来。飞轮齐鼓浪，祝炮日鸣雷。中外通喉舌，纵横积货财。登高遥望海，大地故恢恢。

遣使初求地，高皇全盛时。六州谁铸错？一恸失燕脂。凿空蚕丛辟，嘘云蜃气奇。山头风猎猎，犹自误龙旗。

寓汕头旅馆感怀寄梁诗五居实

策策秋声木叶干，百端瑟瑟入心肝。颠风断渡铃能语，古月悬天镜独看。未到中年哀乐备，无多同调别离难。巡檐绕室行千遍，刚过孤灯又倚阑。

将至潮州又寄诗五

片帆遥指凤凰城，屈指家山尚几程。以我风尘憔悴色，共君骨肉别离

黄遵宪

情。一灯缩缩栖鸦影，四垒萧萧战马声。回首六年离乱事，梦余犹觉客心惊。

铁汉楼歌

湿云漠漠山有无，登城四望遥踟蹰。颓垣败瓦不可踏，劫灰昏黑堆城隅。剜苔剔藓觅碑读，字缺半亦形模糊。公无遗像有精气，恍惚左右神风趋。忆公秉政宣仁日，自许稷契君唐虞。英名卓卓惊殿虎，辣手赫赫锄城狐。同文狱起事一变，先生遂尔南驰驱。洞庭寒夜走蛟蜃，潇湘清昼啼猩鼯。臣心万折必东去，一生九死长征途。岂知章蔡恨未雪，谓臣虽死犹余辜。如飞判使暗挟刃，来取逐客寒头颅。梅州太守亦义士，告语先生声呜呜。先生湛然色不变，倔强故态犹狂奴。有朋遥讬细料理，对客酣饮仍歌呼。呜呼先生真铁汉，品题不愧眉山苏。一楼高插北城角，中有七尺先生躯。荔丹蕉黄并罗列，无有远迩群南膜。先生独坐北楼北，双眼炯炯张虬须。迩来雕瘵渐苏息，无人收拾前规模。东坡已往仲谋死，起人忠义谁匡扶？金狄摩挲事如昨，铅水清泪流已枯。我来凭吊空恻怆，呀呀屋上啼寒乌。

和周朗山琨见赠之作

噫嘻乎儒生读书不识羞，动夸虎头燕颔径取万户侯。万户侯耳岂足道，乌知今日裨瀛大海还有大九州。贱子生长南方陬，少年寂寂车前驹。当时乳虎气食牛，众作蝉噪嗤噍啁。小技虫雕羞刻镂，中间离乱逢百忧。

红尘蔽天森戈矛。我时上马看吴钩。呜呼不能用吾谋,驹伏辕下鹰在韝。看人貂蝉出兜鍪,翻然一笑先生休。

矢人为矢蚋,兰台漆书吾箧裘,且呼古人相绸缪。打头屋小歌声遒,亦手帖括吟呦嘤。时文国小原莒邹,要知假道途必由。习为谐媚为便柔,招摇过市希急售。盗窃名器为奸偷,平生所耻羞效尤。谤伤争来撼树蜉,非笑亦有枪榆鸠。立志不肯随沉浮,一齐足敌众楚咻。

皇皇使者来轩輈,玄珠出水黝然幽,珊瑚入网枝相樛。不才如宽亦兼收,一头放出千人稠。其旁一客为马周,炯炯秋水横双眸,谓生此文无匹逑,即此已卜公侯仇。噫嘻吾文原哑呕,公竟许我海与丘,感公知己泪一流。以公才气命不犹,文不璜珮鸣琅璆,武不龙虎张旌斿,时时酒酣摩蒯缑,萧条此意将白头。至今不愿为闲鸥,乘风犹来海上游。

海波正寒风飕飕,中有蝮蛇从鸰鶖,盲云怪雨无停留,老蛟欲泣潜鱼忧。何物小魅不匿瘦,公然与龙为仇雠,苍梧回首云正愁。公从仙人来十洲,公其为龙求蟠虬。左揖洪崖右浮丘,招邀群策同力戮,号召百族相聚谋,铁锁重使支祁囚,赤文绿字光油油,重铭瑶宫修琼楼。呜呼此愿何时酬!

寄和周朗山

拍手引鸾凤,来从海上游。大鹏遇稀有,两鸟忽相酬。金作同心结,刀期绕指柔。各平湖海气,商榷共登楼。

春夜怀萧兰谷 光泰

深巷曾无车马喧,闭关我自枕书眠。平生放眼无余子,与汝论交过十年。既觉梦都随雨去，半开花欲放春颠。隔墙红遍千株树，何日能来看木棉？

闻诗五妇病甚

中年儿女更情长，宛转重吟妇病行。终日菜羹鱼酱外，帖书乞米药钞方。

怀 诗 五

万族求饶益，营营各一途。俗情日纷扰，吾道便愁孤。波静鱼依藻，枝高凤在梧。昨书言过我，翻又费招呼。

为诗五悼亡作

画阁垂帘别样深，回廊响屧更无音。平生爱尔风云气，倘既消磨不自禁。

庚午中秋夜始识罗少珊文仲于矮屋中遂偕诗五共登明远楼看月少珊有诗作此追和时癸酉孟秋也

万蚕食叶蚕声酣,三条红烛光炎炎。忽然大声出邻屋,偷窥有客掀襕衫。狂吟高歌彻屋瓦,两目虎视方眈眈。此人岂容交臂失,闯然握手惊雄谈。问名识是将家子,《金版》《玉匮》素所谙。是时发策问兵事,胸中武库胥包含。我方掀帘促膝坐,昂头有月来屋檐。此人此月此楼岂可负此夕,辄邀吾友同追探。

巍巍明远楼,高插南斗南。钲声鼓声宵戒严,我来不避官吏嫌。蹑衣径上梯百尺,凭栏要到塔七尖。天风吹衣怕飞去,汝我左右相扶搀。纤云四卷天不夜,空中高悬圆明蟾。沈沈矮屋万行瓦,昨者煮海今堆盐。回头却望望东海,濛濛烟气团蔚蓝。

其余人家亿万户,水波不动澄空潭。三更夜深风露重,下士万蚁齐黑酣。大千世界共此月,今夕只照人两三。虽然无肴无酒不得谋一醉,犹有惊人好句同掀髯。别来此月几圆缺,三人两地同观瞻。匆匆三年忽已过,秋风重磨旧剑镡。羊城相见执手笑,追述往事言呢喃。男儿竟作可怜虫,等此蓄缩缠窠蚕。少珊少珊我且与汝共登越王之高台,白云往来驾两骖。

试寻黄屋左纛旧霸业,《阴符》发箧温《韬钤》。不然泛舟南海南,乘风破浪张长帆。要借五十犗饵钓此巨鳌去,刳腹裔肉供口馋。使君于此自不凡,何苦徒作风月谈。要抟扶摇羊角直上九万里,埋头破屋心非甘!噫嘻乎,埋头破屋心非甘!

黄遵宪

羊城感赋六首

　　早潮晚汐打城门，玉漏声催铜鼓喧。百货均输成剧邑，五方风气异中原。舵舟舆轿山川险，帕首靴刀府帅尊。今古茫茫共谁语，越王台下正黄昏。
　　手挽三江尽北流，寇氛难洗越人羞。黄巢毒竟流天下，陶侃军难进石头。铤鹿偶然完首尾，烂羊多赖得公侯。欃枪扫尽红羊换，从此当朝息内忧。
　　际海边疆万里开，臣佗大长信奇才。平蛮看竖擎天柱，朝汉同登浴日台。南极星辰原北拱，东流海水竟西回。喁喁鹈鲽波涛阻，独有联翩天马来。
　　慷慨争挥壮士戈，洗兵竟欲挽天河。苦烦父老通邛笮，难禁奸民教尉佗。祆庙火焚氛更恶，鲛人珠尽泪犹多。纷纷和战都非策，聚铁虽坚奈错何！
　　战台祠庙岿然存，双阙嵯峨耸虎门。谁似伏波晓将略？犹闻蹈海报君恩。要荒又议珠崖弃，霸业弥思纛屋尊。最是凋零苏武节，无人海外赋《招魂》。
　　木棉花落絮飞初，歌舞冈前夜雨余。阁道鸾声都寂寞，市楼蜃气亦空虚。骑羊漫诩仙人鹤，驱鳄难除海大鱼。独有十三行外柳，重重深护画楼居。

人境庐诗草卷二

寄 四 弟

　　雏雁毛羽成，各各南北飞。与君为兄弟，义兼友与师。师严或伤和，肝鬲君所知。阶前百尺桐，浓绿侵须眉。树根两坐石，一平一嵚崎，我坐拾落叶，君立攀高枝。此读彼吟哦，形影常相随。有时隔屋语，亦复穴壁窥。当时忘此乐，亦已乐不疲。人生欢聚时，何知苦别离。
　　匏瓜系不食，壮夫是所羞。出门望长安，远在天尽头。贡士亲署名，行作万里游，念此当乖离，恩情日绸缪。今年槐花黄，挂帆来广州。亦谓此恨浅，待我过深秋。秋风亦已过，别恨终悠悠。欲归不得归，飘蓬迹沈浮。登高插茱萸，重阳风飕飕。以汝异乡思，知我游子忧。千里远相隔，已恨归滞留。何况万里别，益以十年愁。

人境庐杂诗

　　春风吹庭树，树树若为秋。忽作通宵雨，来登近水楼。湿云攒岫出，叠浪拍天流。不识新波长，沙边有睡鸥。
　　门前几株树，树外一亭茅。唼絮鱼行水，衔雏鸟恋巢。月随瓜架漏，花入药栏交。难怪陶徵士，移居乐近郊。
　　亦有终焉志，其如绿鬓何！云闲犹作雨，水止亦生波。春暖先鸦起，湖宽让鲫多。门前亲种柳，生意未婆娑。
　　出屋梧桐长，都经手自栽。十年劳树木，百尺看成材。莽莽风云会，深深雨露培。最高枝上月，留待凤凰来。

黄遵宪

紫藤花压架，开落到如今。旧雨伤黄土，残春怅绿阴。寻香犹惘惘，埋玉故深深。庭下闲叉手，多余恋旧心。

叶叶蕉相击，丛丛竹自鸣，萧萧传雨意，械械误秋声。露湿寒蛩寂，枝摇暗鹊惊。幢幢灯影暗，独坐到微明。

初日照高楼，迟迟树影收。苔痕绿壁漫，花气到帘留。春软鸡同粥，风和鹊亦柔。书声墙外过，有弟住东头。

耐冷斋头客，鳏鱼不寐余。知君长独坐，念我近何如？哀乐中年感，艰难远道书。杨梁诸子好，踪迹亦萧疏。

将应廷试感怀

二十余年付转车，自摩髀肉问何如。暂垂鹏翼扶摇势，一学蝇头世俗书。荡荡天门争欲上，茫茫人海岂难居。寻常米价无须问，要访奇才到狗屠。

出　　门

出门杨柳万条青，送我临歧意未申。得失鸡虫何足道，文章牛斗可能神？无穷离合悲欢事，从此东西南北人。手版脚靴兼帕首，任风吹堕软红尘。

由轮舟抵天津作

遥指天河问析津,茫茫巨浸浩无垠。华夷万国无分土,人鬼浮生共转轮。敌国同舟今日事,太仓稊米自家身,大鹏击水南风劲,忽地吹人落软尘。

水　滨

来牛去马看频频,独立苍茫此水滨。避面青山难见我,打头黄土信抟人。东西市舶无分界,南北藩封此要津。七十二沽秋色满,不堪吹鬓半胡尘。

武清道中作

始识风尘苦,吾生第一回。斗星随北指,云气挟东来。走竟偕牛马,臣初出草莱。海天千万里,南望几徘徊。

天到荒寒地,山犹懒刻镂。沙濛惟见日,树瘦尽如秋。长路漫漫苦,斜阳渺渺愁。岭南好时节,不为荔枝留。

绿树如云拥,门前百尺桐。吾家正溪北,有弟住墙东。尽室团圞乐,行人梦寐中。茫茫百端集,到此意何穷。

黄遵宪

唐魏风同俭，幽并气不豪。龙衣将瓦覆，牛矢压墙高。忧患家多口，荒凉地不毛。最怜罗马拜中妇乞钱号。

居者与行者，劳劳同一叹。天恩才咫尺，民气不衣冠，地况穷荒远，人兼琐尾残。临门图一幅，谁上九重看？

早　行

堤长已历八九折，柝击犹闻四五更。凉风吹衣抱衾卧，残月在树啼乌声。东方欲明未明色，北斗三点两点星。腐儒饥寒苦相迫，驱车自唱行行行。

慷　慨

慷慨悲歌士，相传燕赵多。我来仍失志，走问近如何。到处寻屠狗，初番见橐驼。龙泉腰下剑，一看一摩挲。

月　夜

梧桐庭院凤凰枝，六尺湘帘踠地垂。长记绮窗相对语，二三更后夜凉时。

代柬寄诗五兰谷并问诸友

入梦江湖远，撑胸天地宽。长安人踏破，有客独居难。短榻鸣虫寂，孤灯落叶寒。不禁女儿语，琐屑写君看。

万树秋风起，吾心吹不归。袖留孤刺在，书自百城围。大海容鸥住，高云看鸟飞。酒痕和泪渍，时一检青衣。

亲健都奇福，芳兰各自花，云扶王父杖，酒暖冷官衙。巢燕长依母，栖鸟又有家。上堂如照镜，莫叹鬓丝华。

覆地桐阴绿，中为人境庐。刚柔分日课，兄弟各头居。草草常留饭，匆匆亦读书。近来仍过我，见我衮师无？

狂歌示胡二晓岑曦

飞鸟不若鹓凤，游鳞不若蔪龙。虚誉不若疑谤，速拙不若缓工。高台落日多悲风。我剑子剑弓子弓。与子拍手青云中。但须塞耳甘耳聋。苍蝇营营无万数，下士大笑声滃滃。

重九日雨独游醉中作

吹面风多冷意酣，潇潇寒雨滴重檐。宵来一醉长安市，竟夕相思大海南。遍插茱萸偏我少，无端萍梗为谁淹？故山岁岁登高去，蟹熟鲈香酒压担。

黄遵宪

别赖云芝同年鹤年

结客须结少年场，占士能占男子祥，为云为龙将翱翔，担簦跨马毋相忘。苍梧之水悠且长，中有浔山山苍苍。前有龙翰臣吕后朱王。灵芝继起殊寻常，浑金璞玉其器良。皇皇使者铁网张，摩挲三之贡玉堂。凤凰飞飞上高冈，立足未稳天风刚，吹尔敛翼下八荒。

长安纨绔多清狂，阔眉广袖时世妆，日醉杜曲歌韦娘，红裙翠襦围银筋。朝朝暮暮乐未央，子独闭门寻羲皇。青鞋破帽暗无光，时或彳亍书贾坊。邂逅揖我谓我臧，子之外家吾故乡。通明移家趋华阳，至今乡音犹未忘，西风牵手情话长。

比邻胡二工文章，因我识子摅肝肠。桃笙棋褥铺绳床，敲冰煮茗焚清香。左陈钟鼎右缥缃，往往道古称先王。繁星窥户月在墙，甲夜至丙言尤详。子言少孤早罹殃，机声灯影宵啼螀，阿母责读声琅琅，每至《蓼莪》泣数行。去年雏凤新求凰，左敖右翿招由房，和鸣锵锵期育姜。倚门停闾久相望，不可以留行束装。

春明门外多垂杨，寒雨乍断露始霜。今日送子天一方，贫士缩瑟无酒浆。只用好语深浅商，子足暂刵庸何伤。归与兄弟谋稻粱，问字之酒束修羊，男唯女俞欢重堂。明年槐黄举子忙，呦呦鹿鸣谐笙簧，行听子歌承筐将。人生相见殊参商，吁嗟努力毋怠皇！

为萧少尉步青作

守土穿官先败北，防河诸将亦笼东。哦松射鸭闲官耳，一死犹能作鬼雄。

乌之珠歌

北风雨雪门不开，景山暂作金粟堆。《黄竹歌》停八骏杳，一马鸣诉悲风哀。此马远自流沙至，铁花满身黑云被。将军甫奏天马徕，雄姿已有凌云意。凤臆麟身人未知，内官频促黄门试。天颜一顾喜出群，便人天闲登上驷。

春郊三月杨柳丝，九衢夹道飞龙旗，卧瓜吾仗引金钺，霓幢羽葆随黄麾。乌皮靴声地橐橐，龙纹盖影云迟迟。十五善射作前导，亲王贝勒相追随。中一天人御飞鞚，蹑电追风尘不动，黄鞯朱韂镕金鞍，顾影不鸣更矜宠。路旁遥指衣黄人，侧睐龙媒神亦悚。沙平风软四蹄轻，不闻人声惟马声。银花佩帉露黄带，红绒结顶飘朱缨。少年天子万民看，望尘不及人皆惊。銮仪校尉独惘怅，轻车步辇空随行。从官争费千金产，苦索飞龙求上选。奚官善相阿敦调，有此神骏无此稳。

一朝忽泣天花雨，日惨云冥愁楚楚。都是攀髯不逮人，并鲜慰情胜无女。万花溅泪柳愁含，御床不扫空垂帘。六宫共抱苍梧痛，万国还惊白柰簪。多时不见宫中驾，一马悲嘶夜复夜。自蒙拂拭众人惊，奚啻黄金长声价。青丝络头伏道旁，反因受宠丛讥骂。何如死殉侍昭陵，风雨灵旗驰石马。

先皇御宇十三年，金床玉几少晏眠，黄巾甫平白帽扰，战马每岁从周旋。望骓礼拜木兰返，十年往事犹目前。中兴未集弓剑阕，岂独此马哀呼天。即今兵革犹未息，群胡化鬼扰西域。王师出关万虎貔，众马从人同杀贼。汝独一死报君恩，吁嗟龙性固难测。乌珠乌珠努力肯饱食，谅汝立功能报国！

田　横　岛

生王头，死士垄，一毛轻等丘山重。臣头百里走见王，王自趋前头不动。五百人头共一丘，人人视头同赘疣，背面事仇头亦羞。横来横去大者王小者侯，臣戴头来王勿忧。呜呼死士垄，乃为生王头！

和钟西耘庶常<small>德祥</small>津门感怀诗

雷动星驰入贡车，舌人环列护爻间。但占风雨都来享，偶断苞茅便问诸。宅北曾分羲仲命，绥南远赐赵佗书。孟津八百争朝会，犹记征祥纪白鱼。

八荒无事息兵车，七叶讴吟洽里间。岂谓浮云变苍狗，竟教明月蚀詹诸。骊山烽火成焦土，牛耳牲盘捧载书。秋草木兰驰道静，白龙微服记为鱼。

六月中兴赋《出车》，金陵王气复充间。华夷共主皆思服，尧舜如天尚病诸。荡寇重编归汉里，和戎难下绝秦书。只应文物开王会，珥笔曾夸太史鱼。

狼朣遗种等高车，万族相从到尾间。魑魅入林逢不若，虾蟆吞月鉴方诸。昔闻靺鞨歌西乐，今见佉卢制左书。始受一廛濠镜地，有明师早漏多鱼。

执梃降王走传车，先擒月爱后东间，难言赤狄初何种，终痛庭坚祀忽诸。两帝东西争战国，九州大小混方书。喁喁鹣鲽来无路，久已纵横海大鱼。

电掣重轮走水车，风行千里献比卢。移山未要嗤愚叟，捧土真能塞孟诸。黑齿雕题征鬼箓，赤文绿字诩天书。寻常弓矢疑堪用，闻道潮人驱鳄鱼。

鸾声阁道碾安车，元老相从话踦闾。未雨绸缪彻桑土，御冬旨蓄备桃诸。借筹幸辟同文馆，警鼓惊传奔命书。相戒鲂鲔休出入，吞声私泣过河鱼。

东西南北走舟车，虎穴惊看插邑间。七万里戎来集此，五千年史未闻诸。《考工》述物搜奇字，鬼谷尊师发秘书。教训十年民力盛，倘排犀手射鲸鱼。

福州大水行同张樵野
丈荫桓龚霭人丈易图作

黑风吹海海夜立，倏忽平地生波涛。囊沙拥水门急闭，飞浪已越城墙高。漂庐拔木无万数，安得江㧖淮阳包。众头攒动乍出没，欲葬无椁栖无巢。攀崖缘壁幸脱死，饥肠雷吼鸣嗷嗷。中丞视民犹已溺，急起冒突挥露桡。鸥鸥毁室商救子，鱼鳖满城资渡桥。况闻移粟苏喘息，自雍及绛来千艘。流离琐尾得安宅，无复登屋声三号。天灾流行国代有，难得官长劳民劳。海疆东南正多事，水从西来纷童谣。曲突徙薪广恩泽，愿亟靖海安天骄。

黄遵宪

将应顺天试仍用前韵呈霭人樵野丈

　　平生揽辔澄清志，足迹殊难出里闾。万一铅刀堪小试，可容韫椟便藏诸？觚棱魏阙宵来梦，简练《阴符》夜半书。一第区区何足道，频番缘木妄求鱼。
　　辙乱旗翻屡败车，行吟憔悴比三闾。未知吾舌犹存否？终望臣饥得食诸。辛苦低头就羁靮，功名借径寄诗书。若论稽古荣车服，久已临渊不羡鱼。
　　旁午军书议出车，沿边鹅鹳列为闾。眼看虎落环瓯脱，心冀燕仇雪望诸。四海同袍征士气，频年赠策故人书。荷戈亦是男儿事，何必河鲂始食鱼。
　　齐东燕北走舟车，三载南云望倚闾。宦学无成便归去，父兄有命敢行诸。伤禽恶听连环弹，老蠹愁翻旧校书。碧海掣鲸公手笔，倘分勺水活枯鱼。

述怀再呈霭人樵野丈

　　呜呼制艺兴，今盖六百年。宋元始明櫱，明制皇朝沿。十八房一行，群蚁趋附膻。诸书束高阁，所习唯《兔园》，古今昏不知，各各张空拳。士夫一息气，奄奄殊可怜。黼黻承平时，无贤幸无奸，小丑一窃发，外患纷钩连，但办口击贼，天下同拘挛。祖宗养士恩，几费大官钱，徒积汗牛文，焉用扶危颠？到此法不变，终难兴英贤。中兴名世者，岂不出其间。
　　汉家耀武功，累叶在西北，车书四万里，候尉三重译。物腐虫蠹生，月盈詹诸蚀，鼠盗忽窃发，犬戎敢相逼。惜哉臣年少，不及出报国。中兴

143

六月师，群阴归殄灭。臣虎臣方叔，持节布威德。如何他人睡，犹鼾卧榻侧？白气十丈长，狼星影未匿，群狐舞天山，尊者阿古柏，公与秦晋盟，隐若树一敌。王师昨出关，军容黑如墨。猎猎桀犬吠，尚迟有苗格。东南鬼侯来，昼伏夜伺隙，含沙射人影，鬼蜮不可测。虎威狐辄假，鸱视鼠每吓，今年问周鼎，明年索赵璧，恫疑与虚喝，悉索无不力。荡荡王道平，如行人荆棘。普天同王臣，咸愿修矛戟。荷戈当一兵，吾亦从杀贼。

两汉举贤良，六朝贵门第。设科不分目，我清重进士。孔孟生今日，必就有司试。岂能无斧柯，皇皇行仁义。宪也少年时，谓芥拾青紫，五岳填心胸，往往矜爪嘴。三战复三北，马齿加长矣！破剑短后衣，年年来侮耻。下争鸡鹜食，担囊走千里。时时发狂疾，痛洒忧天泪。群书杂然陈，所志非所事。枘凿殊方圆，如何可尝试？今上元二年，诏书下黄纸，帝曰尔诸生，尔其应大比。纷纷白袍集，臣亦出载贽。既不莘野耕，又难漆雕仕，龙门虽则高，舍此何位置。抡才国所重，得第亲亦喜。绕床夜起舞，何以为臣子？

大狱四首

国耻诚难雪，何仇到匹夫？既传通道檄，翻弃入关缚。事竟成狙击，危同捋虎须。阴谋图一逞，攘外计何愚！

万里滇南道，空劳秉节臣。就令戎伐使，已累汉和亲。况坐王庭狱，惟诬化外人。在旁鹰眼睨，按剑更生嗔。

洗血拼流血，鲸鱼海上横。人方投袂起，我始奉书行。重镇劳移节，群儿虑劫盟。怀柔数行诏，悔过复渝平。

休唱攘夷论，东西共一家。疏防司里馆，谢罪使臣槎。讵我持英簜，容人击副车。万方今一概，莫自大中华。

黄遵宪

别张简唐思敬并示陈缲尚元焯

马首欲东王事亟，乘辕改北故人归。别君泥醉杯中酒，独我愁看身上衣。万绪一时齐扰扰，三年同客更依依。平安寄语吾家去，为道腰肢近稍肥。

平生四海论人物，早有张陈在眼中。一举云霄稀有鸟，频年尘土可怜虫。试思科第定何物，长此羁贫却怜公。归问白眉吾好友，可能追逐共云龙。

三 十 初 度

学剑学书无一可，摩挲两鬓渐成丝。爷娘欢喜亲朋贺，三十年前堕地时。

将之日本题半身写真寄诸友

如此头颅如此腹,此行万里亦奇哉!诸公未见靴尖趯,待我扶桑濯足来。

又寄内子

十年欢聚不知愁,今日分飞独远游。知否吾妻桥上望,淡烟疏柳数行秋。

人境庐诗草卷三

由上海启行至长崎

　　浩浩天风快送迎，随槎万里赋东征。使星远曜临三岛，帝泽旁流遍裨瀛。大写扶摇抟水上，神龙首尾挟舟行。冯夷歌舞山灵喜，一路传呼万岁声。
　　满城旭影曜红旗，神武当年此肇基。竿木才平秦世乱，衣冠创见汉官仪。中原旧族流传远，四海同家聚会奇。此土此民成此国，有人尽日倚栏思。

西乡星歌

　　人不能容此嶔崎磊落之身，天尚与之发扬蹈厉之精神。除旧布新识君意，烂烂一星光射人。人人惊呼伯有至，昨为大盗今为厉，海上才停妖鸟鸣，天边尚露神龙尾。神龙本自西海来，蹈海不死招魂回。当时帝星拥虚位，披发上诉九天阊阖呼不开。
　　尊王攘夷平生志，联翩三杰同时起。锦旗遥指东八州，手缚名王献天子。河鼓一将监众军，中宫匡卫罗藩臣。此时赤手同捧日，上有一人戴旒冕，是为日神之子天帝孙。下有八十三州地，满城旭彩辉红轮。乾坤整顿兵气息，光华复旦歌维新。
　　无端忽唱征韩议，汝辈嫭阿难计事，参商水火不相能，拂衣大笑吾归矣。归来落拓不得志，牵狗都门日游戏。鼻端出火耳后风，指天画地时聚议。夜半拊床欲为帝，奋梃大呼投袂起。将军要问政府罪，胡驱吾辈置死

地？三千万众我同胞，忍令绞血输血税。死于饥寒死于苛政死于暴客等一死，徒死何如举大计。一时啸聚八千人，各负长刀短铳至。赤囊传警举国惊，守险力扼熊本城，雷池一步不得过，天网所际难逃生。

十二万军同日死，呜呼大星遂陨地！将军之头走千里，将军之身分五体，聚骨成山血作川，噫气为风泪如雨。此外喑呜叱咤之声势，化为妖云为沴气。骑箕一星复归来，狼角光芒耀天际。吁嗟乎！丈夫不能留芳千百世，尚能贻臭亿万载。生非柱国死非阎罗王，犹欲蘸血书经化作魔王扰世界。英雄万事期一快，不复区区计成败。长星劝汝酒一杯，一世之雄旷世才。

石川鸿斋英偕僧来谒张副使误谓为僧鸿斋作诗自辩余赋此为解嘲

谓僧为官非秃鹙，谓官为僧非沐猴。为官为僧无不可，呼马应马牛应牛。先生昨者杖策至，两三老衲共联袂。宽衣博袖将毋同？只少袈裟念珠耳。师丹固非老善忘，鲁侯亦岂儒为戏。知公迹僧心亦僧，不复拘拘皮相士。先王闻当喜欲狂，自辩非僧太迂泥。但论普度一切心，安识转轮三世事。吾闻先达曾戏言，莫如为僧乐且便。世间快意十八九，只恨酒色须逃禅。入宫有妻案有肉，弃冠便作飞行仙。昨者大邦布令甲，宗门无用守戒法。周妻何肉两无忌，朝过屠门夕拥妾。佛如有知亦欢喜，重愿东来度僧牒。溯从佛法初来东，稻目以后争信崇。造经千卷塔七级，赐衣百袭粟万钟。帝王亦称三宝奴，上皇尊号多僧徒。七道百国输正税，民膏民血供浮屠。将军柄政十数世，争挽强弓不识字。斯文一脉比传灯，亦赖儒僧延不坠。西方菩萨东沙门，天上地下我独尊。尊君为僧固君福，急掩君口听我言。九方何必分黄骊，两兔安能辨雄雌。鸿飞宁记雪泥迹，马耳且任东风吹。

黄遵宪

不忍池晚游诗

　　开门看雨梦才醒,一抹斜阳映画屏。随著西风便飞去,弱花无力系蜻蜓。
　　蜃楼海气隐重城,浩浩风停远市声。四壁晚钟齐接应,分明不隔一牛鸣。
　　红板长桥雁柱横,两头路接白沙平。前呼后拥萧萧马,犹记将军警跸声。
　　如此江山信可怜,欢虞霸政百余年。黄粱饱饭红灯上,小户家家弄管弦。
　　百千万树樱花红,一十二时僧楼钟。白头乌哭屋梁月,此是侯门彼佛宫。
　　羯鼓冬冬舞折腰,银釭衔璧酒波摇。垆香袅处瓶花侧,不挂当时黑鞘刀。
　　薄薄樱茶一吸余,点心清露挹芙蕖。青衣擎出酒波绿,径尺玻璃纸片鱼。
　　鸦背斜阳闪闪红,桃花人面薄纱笼。银鞍并坐昵昵语,马不嘶风人食风。
　　万绿沈沈嘒一蝉,迷茫水气化湖烟。无端吹坠丰湖梦,不到丰湖已十年。
　　绝远穷荒海外经,风灾鬼难渡零丁。谁知大地山河影,只一微尘水底星。
　　濛濛隔水几行竹,暗暗笼烟并是梅。微影模糊声荦确,是谁携屐踏花来。
　　柳梢斜挂月如丸,照水摇摇颇耐看。欲写真容无此镜,不难捉影捕风难。
　　不耐茫茫对此何,花如吉野月须磨。如鱼邪虎乌乌武,树底时时人唱歌。

三更夜深月上桹，荷花遥遥透微馨。垆烟妥帖窗纱静，不解参禅也读经。

山色湖光一例奇，莫将西子笑东施。即今隔海同明月，我亦高吟《三笠辞》。

宫本鸭北以旧题长华园诗索和

绕榭山花红欲燃，林中结屋屋如船。人来蓬岛无宾主，境比桃源别洞天。近事披图谈斗虎，旧游濡笔纪飞鸢。登楼北望方多事，未许偷闲作散仙。

樱 花 歌

鸰金宝鞍金盘陀那，一花一树来婆娑。墨江泼绿水微波，道旁老人三嗟咨。将军主政国尚武土，将军好花兼好游舞。千金万金营香巢妖，合歌万叶写白紵朝。喷云吹雾花无数树，化开别县移花来暮。承平以来二百年，不闻鼙鼓闻管弦，呼作花王齐下拜，至夸神国尊如天。螺钿漆盒揣叵啰，坐者行者口吟哦。万花掩映江之沱，菊花虽好不如葵。源赖平颠纷斗虎，每岁看花载箫鼓。花光照海影如潮，缠头每树悬红绡。一条锦绣游人路，花落千丁载花去。伞张胡蝶衣哆罗，攀者折者手挼莎。倾城看花奈花何！即今游客多于鲫，德川累世柔服人，三百诸侯各质孥，游侠聚作萃渊薮，七月张灯九月舞，明明楼阁倚空虚，十日之游举国狂，此呼奥姑彼檀摩。来者去者肩相磨。人人同唱樱花歌时。未及将军全盛，渐变战场成乐。争费黄金教歌。真仙亦迷脂夜。一年最好推花。玲珑忽见花千。岁岁欢虞朝复。

当时海外波涛涌，龙鬼佛天都震恐。欧西诸大日逞强，渐剪黑奴及黄种。芙蓉毒雾海漫漫，我自闭关眠不动。一朝轮舶炮声来，惊破看花众人梦。我闻桃花源，洞口云迷离，人间汉魏了不知；又闻净土落花深四寸，每读《华严经》卷神为痴。拈花再拜开耶姬，上告丰苇原国天尊人皇百神祇，仍愿丸泥封关再闭一千载，天雨新好花，长是看花时。

陆军官学校开校礼成赋呈有栖川炽仁亲王

为将不知兵，是谓卒予敌。不教驱之战，岂能出以律。桓文节制师，苏张纵横策，制胜非有他，所贵在练习。日本二千年，本以武立国。幕府值季世，犬戎迭相逼。贤豪争勤王，蔚成中兴辟。环顾五部洲，沧海不可隔，函关一丸泥，势难复闭壁。勇夫且重闭，岂曰偃兵革。

天孙茅缠矟，高丽铁铸的。古岂无利器，今合借他石。近年欧罗巴，兵法盖无匹。广轮四海图，上下千年籍。择长以为师，悉命译人译。广厦千万间，多士宅尔宅。群萃而州处，乃受观摩益。使指固藉臂，伏足固藉翼。得一良将才，胜百连城璧。

是日营门开，军容荼火赫，贤王代临雍，客卿咸就席。组练简一千，距跃习三百，拐马熟连环，飞炮鸣霹雳，亦有轻气球，凌风腾千尺，隼人与相扑，余技及刺击。粲粲西人服，竦立咸屏息。王告汝多士，勖哉宜勉力！刃当摩厉须，锥乃脱颖出，千日可不用，兢惕在朝夕。

王告汝多士：豺虎在有北，养汝民脂膏，为民出锋镝，汝能捍城民，俾汝公侯伯。多士曰唯唯，拜手受诏敕。使者睹兹礼，欢忻目屡拭。念余捧载书，相见藉玉帛。同在亚细亚，自昔邻封辑。譬若辅车依，譬若掎角立。所恃各富强，乃能相辅弼。同类争奋兴，外侮自潜匿。解甲歌太平，传之千万亿。

都踊歌

　　长袖飘飘兮髻峨峨，荷荷！裙紧束兮带斜拖，荷荷！分行逐队兮舞傞傞，荷荷！往复还兮如掷梭，荷荷！回黄转绿兮挼莎，荷荷！中有人兮通微波，荷荷！贻我钗鸾兮馈我翠螺，荷荷！呼我娃娃兮我哥哥，荷荷！柳梢月兮镜新磨，荷荷！鸡眠猫睡兮犬不呵，荷荷！待来不来兮欢奈何，荷荷！一绳隔兮阻银河，荷荷！双灯照兮晕红涡，荷荷！千人万人兮妾心无他，荷荷！君不知兮弃则那，荷荷！今日夫妇兮他日公婆，荷荷！百千万亿化身菩萨兮受此花，荷荷！三千三百三十二座大神兮听我歌，荷荷！天长地久兮无差讹，荷荷！

庚辰四月重野成斋安绎岩谷六一修日下部东作鸣鹤蒲生䌹斋重章冈鹿门千仞诸君子约游后乐园园即源光国旧藩邸感而赋此

　　泓峥萧瑟不可言，周遭水木围亭轩。夏初若有新秋意，褰裳来游后乐园。主人者谁源黄门，脱弃簪绂甘丘樊。夷齐西山不可得，欲以此地为桃源。左挈舜水右澹泊，想见往往倾空尊。呜呼源平霸者起，太阿倒持归将军。黄门懿亲敢异议，聊借蕨薇怀天恩。一编帝纪光日月，开馆彰考非为文。高山九郎好痛哭，相继呼天叩帝阍。布衣文学二三子，协力卒使天皇尊。即今宾客纷裙屐，一堂笑语言温温。岂识当时图后乐，酒觞未举泪有痕。丰碑巍然颓祠倒，夕阳归鸦噪黄昏。愿起朱子使执笔，重纪竹帛贻子孙。

黄遵宪

送宍户玑公使之燕京

《海外大荒经》，既称带方东。是有君子国，挂剑知儒风。唐宋时遣使，车书万里同。缁流唱金经，武士横雕弓。内国既多事，外使不复通。迩者海禁开，乘时多英雄。捧盘从载书，隔海飞艨艟。益知唇齿交，道谊在和衷。子今持使节，累叶家声隆。博学等黄备，抱德追营公。冠垂华蕅枝，手捻梅花红。同行二三子，亦如贯珠骢。子能弥阙失，竹帛铭汝功。今日送子去，东西倏转蓬，扶桑遥回顾，旭影多朦胧。仰瞻阙庭高，我心亦忡忡。

大　　阪

黑面猴王今已矣，尚余石垒叠城濠。江山入眼花光媚，楼阁凌虚海气豪。横列东西青雀舫，旁通三百赤栏桥。昨宵茗宴今花会，多少都人载酒遨！

游　箱　根

危涂远盘纡，径仄鸟迹绝。一步不敢前，双足若被刖。人呼兜笼来，纵横宽尺八。脚手垂郎当，腰背盘曲折。舆人出裸国，皮绉龟兆裂，螭蛟

绣满身，横胸施绛袜。两肩乍抬举，双杖互扶挈，前杖后更撑，仰攀俯若跌。有如蚁旋磨，又似蛇出穴，蛛蛛上竹鲇，蠢蠢爬沙鳖。嘻风竹筒吹，汗雨蒸甑泄。劳倦时一歌，乡音鸟嘲哳。烟树绕千回，风花眩一瞥，峭壁俯绝壑，旁睨每拚舌。四山呼无人，一堕便永诀。畏途宁中止，弛担娄更迭，直穷绝顶高，始觉天地阔。

群峰插云中，结屋峰头住。濛濛万云海，凭空无寸土。开窗起看云，迷茫若无睹。一云忽飞来，一云不肯去，一云幻作龙，盘旋绕屋柱。关窗急遮拦，攒隙细如缕。须臾塞破屋，真气满庭户。解装张行囊，呼童共捞取。大风卷地来，团作黑烟聚。隐隐闻雷声，乍似婴儿怒，遥知百万家，已洒三尺雨。我方跂脚眠，梦骑赤龙舞。直倾天河水，远向并豫注。侧身起西望，梦堕云深处。

举国无名川，一湖何滉瀁！环抱三百里，下窥五十丈。神武开辟来，亘古无消长。氿泉日穴出，泬流失归向。一碧湛空明，万象绝依傍，昂头只日月，两轮互摩荡。我来驾一舟，杳茫迷所往。谓是沧溟游，乘风破巨浪。何图众山顶，乃泛海荡荡。关东昔豪杰，割地争霸王。汤池据此险，漆城莫敢上。迩来司农官，又作填海想。凿脉干此湖，可得千沃壤。纷纷校得失，尧桀我俱忘，且作烟波徒，容与打双桨。

群山若堂防，依岩各构屋。家家争调水，曲笕引修竹，泠泠滴檐角，汩汩出岩腹。晓鸦犹未兴，已有游人浴。东屋鸣琴弦，西屋斗棋局，南屋垂钓竿，北屋罗简牍。蛟毫展凉簟，鹤氅被轻服。点白茶始尝，堆红果初熟，蕃舶从海来，蒲萄泛新渌。洪崖揖浮丘，萧史媚弄玉。鸡犬亦飞升，熊鱼各得欲。人生贵行乐，矧此神仙福。缠腰更骑鹤，辟俗还食肉。平生烟霞心，奈此桑下宿。行携《桃源图》，归我篑筜谷。

宫本鸭北索题晃山图即用卷中小野湖山诗韵

地球浑浑周八极，大块郁积多名山。汪洋巨海不知几万里，乃有此岛虬其间。关东八州特秀出，落落晃山天半悬。乱峰插云俯水立，怒涛泼地轰雷阗。坐令三百诸侯竭土木，朘民膏血供云烟。下有黑狮白虎竣竣跾跾伏阙下，上有琼楼玉宇高处天风寒。中间一人冕旒拟王者，今古护卫僧官千。呜呼将军主政七百战，唯汝勋业差可观。即今霸图寥落披此卷，尚足令我开笑颜。古称海上蓬莱方壶圆峤可望不可即，我曰其然岂其然？

送秋月古香种树归隐日向故封即用其留别诗韵

昨日公侯今老农，飘然挂冠归旧封。忙时蜡屐闲扶筇，空山猿鹤长相从。觚棱帝阙春梦浓，醒来忽隔天九重。天风吹袂云荡胸，云胡不乐心溶溶。人生一别难相逢，落月屋梁思子容。他时子倘思吾侬，鸡鸣西望罗浮峰。

近世爱国志士歌

今日共尊王，九原君知否？化鹤倘将来，摩挲柳庄柳。
草莽臣正之，望阙辄哭谒。眼枯泪未枯，中有杜鹃血。
怒鞭尊氏像，泣述《山陵志》。可怜默默斋，犹复《不恤纬》。
拍枕海潮来，忽再闭关眠。日本桥头水，直接龙动天。
文章亦小技，能动处士议。武门两石弓，不若一丁字。
锁港百不知，惟梦君先觉。到今缺舌声，遍地设音学。
只一衣带水，便隔十重雾。能知四国为，独君识时务。
丈夫四方志，胡乃死槛车？倘遂七生愿，祝君生支那。
宁死不帝秦，竟蹈东海死。当时互抱人，今亦骑箕尾。
手写御屏风，美哉犹有憾。君看红旗扬，神风扫夷舰。

鸡鸣晓渡关，乌栖夜系狱。长歌招和魂，一歌一声哭。宗五汝宗五，呼天诉民苦。恨不漆头颅，留看民歌舞。

赤穗四十七义士歌

四十七士人同仇，四十七士心同谋。一盘中供仇人头，哀哀燕雀鸣啁啾。泥首泣诉围松楸：臣等无状恐为当世羞，君虽有臣不能为君持干撸，君实有弟不获传国如金瓯。君亦有国民，不敢兴师修戈矛，犹复腼颜视息日日偷。臣等非敢国法雠，伏念国亡君死实惟仇人由。当时天使来，奉命同会酬，环门观礼千人稠。彼名高家实下流，骂我衣冠如沐猴，笑我朝会啼秃鹙。我君怒如鲠在喉，拔剑一发不复收，乌知仇人不死翻贻家国忧。臣等闻变行叹复坐愁，或言死拒或言死请无能运一筹。同官臭味殊薰莸，一国蒙戎如孤裘，最后决意报雠同力戮，洒血书誓无悔尤。

四十七士相绸缪，蹈间伺隙忽忽岁一周。昨夜四更月黑至鸺鹠，众皆衷甲撑铁兜，长梯大椎兼利錦，或踰高堁或踰沟，开门先刃铃下驺，大呼转斗如貔貅。彼仇人者巧藏驱，如橡银烛遍宅搜，神恫鬼怒人焉廋，闯然首出霜锋抽。彼盘之中血髑髅，先公犹识伧父面目不？此一匕首先公所赐绕指柔，请公含笑试吴钩，勿夏赍恨埋九幽。臣等事毕无所求，愿从先君地下游。国家明刑有皋繇，定知四十七士同作槛车囚，不愿四十七士戴头如赘疣，唯愿四十七士骈死同首丘。将军有令付管勾，纲舆分置四诸侯。明年赐剑如杜邮，四十七士性命同日休。一时惊叹争歌讴，观者拜者吊者贺者万花绕冢每日香烟浮，一裙一履一甲一胄一刀一矛一杖一笠一歌一画手泽珍宝如天球。自从天孙开国首重天琼铎，和魂一传千千秋，况复五百年来武门尚武国多赍育俦。到今赤穗义士某某某某四十七人一一名字留，内足光辉大八洲，外亦声明五大洲。

156

黄遵宪

罢美国留学生感赋

汉家通西域，正值全盛时。南至大琉球，东至高句骊，北有同盟国，帝号俄罗斯。各遣子弟来，来拜国子师。皇帝临辟雍，皇皇汉官仪。《石经》出玉篋，宝盖张丹墀。诸王立横卷，百蛮环泮池。于戏盛德事，慨想轩与羲。自从木兰狩，国弱势不支，环球六七雄，鹰立侧眼窥。应制台阁体，和声帖括诗，二三老臣谋，知难济倾危。欲为树人计，所当师四夷。奏遣留学生，有诏命所司，第一选隽秀，其次择门楣。高门掇科第，若摘颔下髭。黄背好八股，肯令手停披。茫茫西半球，远隔天之涯，千金不垂堂，谁敢狎蛟螭？惟有小家子，重利轻别离，纥干山头雀，短喙日啼饥，但图飞去乐，不复问所之。蓝缕田舍奴，蓬头乳臭儿，优给堂餐钱，荣颁行装衣。舟中东西人，相顾惊复疑，此乃婆人子，胡为来施施？使者挈乘槎，四牡光骍骍。郑重诏监督，一一听指麾。广厦百数间，高悬黄龙旗。入室阒无人，但见空皋比，便便腹高卧，委蛇复委蛇。借问诸学生，了不知东西，各随女师去，雏鸡母相依，鸟语日啾唧，庶几无参差。就中高才生，每有出类奇，其余中不中，太半悲染丝。

千花红氍毹，四窗碧琉璃，金络水晶柱，银盘夜光杯。乡愚少所见，见异辄意移。家书说贫穷，问子今何居。我今膳双鸡，谁记炊炭麋。汝言盎无粮，何不食肉糜？客问故乡事，欲答颜忸怩。嬉戏替庚冈，游宴贺跋支，互谈伊优雅，独歌妃呼豨，吴言与越语，病忘反不知。亦有习祆教，相率拜天祠，口嚼天父饼，手翻《景教碑》。楼台法界住，香华美人贻。此间国极乐，乐不故蜀思。

新来吴监督，其僚喜官威，谓此泛驾马，衔勒乃能骑。征集诸生来，不拜即鞭笞。弱者呼暑痛，强者反唇稽。汝辈狼野心，不如鼠有皮。谁甘畜生骂，公然老拳挥。监督愤上书，溢以加罪辞，诸生尽佻达，所业徒荒嬉，学成供蛮奴，否则仍汉痴，国家糜金钱，养此将何为？朝廷命使者，去留审所宜。使者护诸生，本意相维持，监督意亦悔，驷马舌难追。使者甫下车，含怒故诋諆，我不知许事，我且食蛤蜊。监督拂衣起，喘如竹筒

吹，一语不能合，遂令天地睽。郎当一百人，一一悉遣归，竟如瓜蔓抄，牵累何累累。当其未遣时，西人书交驰，总统格兰脱，校长某何谁。愿言华学生，留为国光辉，此来学日浅，难言成与亏，颇有聪颖士，利锥非钝槌，忽然筵席撤，何异謇带褫。本图爱相助，今胡弃如遗？

相公答书言：不过别瑕疵。一旦尽遣撤，哗然称我欺，怒下逐客令，旋禁华工来。溯自西学行，极盛推康熙。算兼几何学，方集海外医，天士充日官，南斋长追随，广译《奇器图》。诸器何颗颐。惜哉国学舍，未及设狄鞮。矧今学兴废；尤关国盛衰，十年教训力，百年富强基。奈何听儿戏，所遣皆卑微，部娄难为高，混沌强书眉。坐令远大图，坏以意气私。牵牛罚太重，亡羊补恐迟，蹉跎一失足，再遣终无期。目送海舟返，万感心伤悲！

徐晋斋观察_{寿朋}吴翰涛贰尹_{广霈}随使美洲道出日本余饮之金寿楼翰涛即席有诗和韵以赠

铜琶高唱大江东，不许闲愁恼乃公。四海霸才能有几，今宵欢乐又偕同。狂呼酒盏看樊素，醉拭刀铓辨正宗。离别寻常休怅怨，男儿志本在飞蓬。

流 求 歌

白头老臣倚墙哭，颓髻斜簪衣惨绿，自嗟流荡作波臣，细诉兴亡溯天蹴。天孙传世到舜天，海上蜿蜒一脉延。弹丸虽号蕞尔国，问鼎犹传七百年。大明天子云端里，自天草诏飞黄纸，印绶遥从赤土颁，衣冠幸不珠崖弃。使星如月照九州，王号中山国小球，英簜双持龙虎节，绣衣直指凤麟洲。从此苞茅勤入贡，艳说扶桑茧如瓮。酋豪入学还请经，天王赐袭仍归唱。

尔时国势正称强，日本犹封异姓王，只戴上枝归一日，更无尺诏问东皇。黑面小猴投袂起，谓是区区应余畀，数典横征贡百牢，兼弱忽然加一矢。鲸鲵横肆气吞舟，早见降幡出石头，大夫拔舍君含璧，昨日蛮王今楚囚。畏首畏尾身有几，笼鸟惟求宽一死，但乞头颅万里归，妄将口血群臣誓。归来割地献商於，索米仍输岁岁租，归化虽编归汉里，畏威终奉吓蛮书。一国从兹臣二主，两姑未觉难为妇，称臣称侄日为兄，依汉依天使如父。

一旦维新时事异，二百余藩齐改制，覆巢岂有完卵心，顾器略存投鼠忌。公堂才锡藩臣宴，锋车竟走降王传，刚闻守约比交邻，忽尔废藩夷九县。吁嗟君长槛车去，举族北辕谁控诉？鬼界明知不若人，虎性而今化为鼠。御沟一带水溶溶，流出花枝胡蝶红。尚有丹书珠殿挂，空将金印紫泥封。迎恩亭下蕉阴覆，相逢野老吞声哭，旌麾莫睹汉官仪，簪缨未改秦衣服。东川西川吊杜鹃，稠父宋父泣鹡鸰。兴灭曾无翼九宗，赐姓空存殷七族。几人脱险作逋逃？几次流离呼伯叔？北辰太远天不闻，东海虽枯国难复。毡裘大长来调处，空言无施究何补？只有琉球恤难民，年年上疏劳疆臣。

人境庐诗草卷四

奉命为美国三富兰西士果总领事留别日本诸君子

远泛银河附使舟，眼看沧海正横流。欲行六国连衡策，来作三山汗漫游。唐宋以前原旧好，弟兄之政况同仇。如何瓯脱区区地，竟有违言为小球。

占此江山亦足豪，凌虚楼阁五云高。人饶春气花多媚，山入波浪地尚牢。六代风流余蜡屐，百家磨炼惜名刀。廿年多少沧桑感，尽日凭栏首重搔。

海外偏留文字缘，新诗脱口每争传。草完明治维新史，吟到中华以外天。王母环来夸盛典，《吾妻镜》在访遗编。若图岁岁西湖集，四壁花容百散仙。

海水南旋连粤峤，斗星北望指京华。但烦青鸟常通讯，贪住蓬莱忘忆家。一日得闲便山水，十分难别是樱花。白银宫阙吾曾至，归与乡人信口夸。

沧溟此去浩无垠，回首江城意更亲。昔日同舟多敌国，而今四海总比邻。更行二万三千里，等是东西南北人。独有兴亚一腔血，为君户户染红轮。

黄遵宪

为佐野雪津常民题舣亭

占得江山美，舣亭足胜游。高人欣对宇，老子许登楼。海气鳌头日，天风鹏背秋。他时回首望，认此作并州。

海行杂感

东流西日奈愁何，荡以天风浩浩歌。九点烟微三岛小，人间世要纵婆娑。

稗瀛大海善谈天，卯女童男远学仙。倘遂乘桴更东去，地球早辟二千年。

叠床恰受两三人，衾镜盂巾位置匀。寸地尺天虽局蹐，尽容湧米一微身。

青李黄甘烂漫堆，蒲桃浓绿泼新醅。怪他一白清如许，水亦轮回变化来。

中年岁月苦风飘，强半光阴客里抛。今日破愁编日记，一年却得两花朝。

打窗压屋雨风声，起看沧波一掌平。我自冒风冲雨过，原来风雨不曾晴。

星星世界遍诸天，不计三千与大千。倘亦乘槎中有客，回头望我地球圆。

每每鸳鸯逐队行，春风相对坐调筝。才闻儿女昵昵语，又作胡雏恋母声。

161

偶然合眼便家乡，夜二三更母在床。促织入门蛛挂壁，一灯絮絮话家常。

是耶非耶其梦耶？风乘我我乘风耶？藤床簸魂睡新觉，此身飘飘天之涯。

一日明明十二时，中分大半睡迷离。黄公却要携黄奶，遮眼文书一卷诗。

家书琐屑写从头，身在茫茫一叶舟。纸尾只填某日发，计程难说到何州。

拍拍群鸥逐我飞，不曾相识各天涯。欲凭鸟语时通讯，又恐华言汝未知。

盖海旌旗辟道开，巨轮擘浪炮鸣雷。西人柄酌东人酒，长记通盟第一回。

逐 客 篇

呜呼民何辜，值此国运剥！轩顼五千年，到今国极弱。鬼蜮实难测，魑魅乃不若，岂谓人非人，竟作异类虐，茫茫六合内，何处足可托？华人渡海初，无异凿空凿，团焦始蜗庐，周防渐虎落，蓝缕启山林，丘墟变城郭。金山蠏堁高，伸手左右攫。欢呼满载归，群夸国极乐。招邀尽室行，后脚踵前脚。短衣结椎髻，担簦蹑草屩，酒人率庖人，执针偕执斫，抵掌齐入秦，诸毛纷绕涿。

后有红巾贼，刊章指名捉，逋逃萃渊薮，趋如蛇赴壑。同室戈娄操，入市刃相斫，助以国网宽，日长土风恶。渐渐生妒争，时时纵谣诼。谓彼外来氓，只图饱囊橐。地皮足一踏，有金尽跳跃。腰缠得万贯，便骑归去鹤。谁肯解发辫，为我供客作？或言彼无赖，初来尽祖腪，喜如虫扑缘，怒则兽噬搏。野蛮性嗜杀，无端血染锷。此地非恶溪，岂容食人鳄。

又言诸喽啰，生性极龌龊，居同狗国秽，食等豕牢薄。所需日百钱，大觳难比较。任彼贱值拥，我辈坐朘削。眼见手足伤，谁能忍毒蠚？千口音诡诡，万目瞠灼灼。联名十上书，上请王斟酌。

骤下逐客令，此事恐倍约。万国互通商，将以何辞却？姑遣三人行，藉免众口铄。掷枭倘成卢，聊一试蒲薄。谁知糊涂相，公然闭眼诺。噫嘻六州铁，谁实铸大错？从此悬厉禁，多方设扃钥。丸泥便封关，重门复击柝。去者鹊绕树，居者燕巢幕。关讥到过客，郊移及游学。国典与邻交，一切束高阁。东望海漫漫，绝远踰大漠。舟人呼卬须，津吏唱公莫。不持入关繻，一来便受缚。但是黄面人，无罪亦篣掠。

慨想华盛顿，颇具霸王略。檄告美利坚，广土在西漠，九夷及八蛮，一任通邛筰。黄白红黑种，一律等土著。逮今不百年，食言曾不怍。吁嗟五大洲，种族纷各各。攘外斥夷戎，交恶詈岛索。今非大同世，只挟智勇角。芒砀红番地，知汝重开拓。飞鹰倚天立，半球悉在握，华人虽后至，岂不容一勺。有国不养民，譬为丛驱爵。四裔投不受，流散更安着？天地忽踢踏，人鬼共咀嚼。皇华与大汉，第供异族谑。不如黑奴蠢，随处安浑噩。堂堂龙节来，叩关亦足躩。倒倾四海水，此耻难洗濯。他邦互效尤，无地容漂泊。远步想章亥，近功陋卫霍。芒芒问禹迹，何时版图廓？

纪　　事

吹我合众笳，击我合众鼓，擎我合众花，书我合众簿。汝众勿喧哗，请听吾党语：人各有齿牙，人各有肺腑。聚众成国家，一身比尺土。所举勿参差，此乃众人父。击我共和鼓，吹我共和笳，书我共和簿，擎我共和花。请听吾党语，汝众勿喧哗：人各有肺腑，人各有齿牙，一身比尺土，聚众成国家。此乃众人父，所举勿参差。

此党夸彼党，看我后来绩。通商与惠工，首行保护策。黄金准银价，务令昭画一。家家田舍翁，定多十斛麦。凡我美利坚，不许入侵轶。远方黄种人，闭关严逐客。毋许溷乃公，鼾睡卧榻侧。譬如耶稣饼，千人得饱

食。太阿一到手,其效可计日。彼党斥此党:空言彼何益。

彼党讦此党:党魁乃下流。少作无赖贼,曾闻盗人牛。又闻挟某妓,好作狭邪游。聚赌叶子戏,巧术妙窃钩。面目如鬼蜮,衣冠如沐猴。隐慝数不尽,汝众能知不?是谁承余窍?竟欲粪佛头。颜甲十重铁,亦恐难遮羞。此党讦彼党,众口同一咻。

某日戏马台,广场千人设。纵横乌皮几,上下若梯级。华灯千万枝,光照绣帷撤。登场一酒胡,运转广长舌。盘盘黄须虬,闪闪碧眼鹘。开口如悬河。滚滚浪不竭。笑激屋瓦飞,怒轰庭柱裂。有时应者者,有时呼咄咄。掌心发雷声,拍拍齐击节。最后手高举,明示党议决。

演说事未已,复辟纵观场。铁兜绣裲裆,左右各分行。宝象黄金络,白马紫丝缰。橐橐安步靴,林林耸肩枪。或带假面具,或手执长枪。金目戏方相,黑脸画鬼王。仿古十字军,赤旆风飘扬。齐唱爱国歌,曼声音绕梁。千头万头动,竞进如排墙。指点道旁人,请观吾党光。

众人耳目外,重以甘言诱。浓绿茁芽茶,浅碧酿花酒。斜纹黑普罗,杂俎红甐甊。琐屑到钗钏,取足供媚妇。上谒士雕龙,下访市屠狗。墨屎与侏张,相见辄握手,指此区区物,是某托转授。怀中花名册,出请纪谁某。知君有姻族,知君有甥舅,赖君提挈力,吾党定举首。丁宁复丁宁,幸勿杂然否。

四年一公举,今日真及期。两党党魁名,先刻党人碑。人人手一纸,某官某何谁。破晓车马声,万蹄纷奔驰。环人各带刀,故示官威仪。实则防民口,豫备国安危。路旁局外人,各各揿眼窥。三五立街头,徐徐拈颔髭。大邦数十筹,胜负终难知。赤轮日可中,已诧邮递迟。俄顷一报来,急喘竹筒吹。未几复一报,闻锣惊复疑。抑扬到九天,啼笑奔千儿。夜半筹马定,明明无差池。轰轰祝炮声,雷响云下垂;巍巍九层楼,高悬总统旗。

吁嗟华盛顿,及今百年矣。自树独立旗,不复受压制。红黄黑白种,一律平等视。人人得自由,万物咸遂利。民智益发扬,国富乃倍蓰。泱泱大国风,闻乐叹观止。乌知举总统,所见乃怪事。怒挥同室戈,愤争传国玺。大则酿祸乱,小亦成击刺。寻常瓜蔓抄,逮捕遍官吏。至公反成私,大利亦生弊。究竟所举贤,无愧大宝位。倘能无党争,尚想太平世。

冯将军歌

　　冯将军，英名天下闻。将军少小能杀贼，一出旌旗云变色。江南十载战功高，黄褂色映花翎飘。中原荡清更无事，每日摩挲腰下刀。何物岛夷横割地，更索黄金要岁币。北门管钥赖将军，虎节重臣亲拜疏。将军剑光方出匣，将军谤书忽盈箧。将军卤莽不好谋，小敌虽勇大敌怯。将军气涌高于山，看我长驱出玉关。平生蓄养敢死士，不斩楼兰今不还。手执蛇矛长丈八，谈笑欲吸匈奴血。左右横排断后刀，有进无退退则杀。奋梃大呼从如云，同拼一死随将军。将军报国期死君，我辈忍孤将军恩。将军威严若天神，将军有令敢不遵，负将军者诛及身。将军一叱人马惊。从而往者五千人。五千人马排墙进，绵绵延延相击应。轰雷巨炮欲发声，既戟交胸刀在颈。敌军披靡鼓声死，万头窜窜纷如蚁。十荡十决无当前，一日横驰三百里。吁嗟乎！马江一败军心慑，龙州拓地贼氛压。闪闪龙旗天上翻，道、咸以来无此捷。得如将军十数人，制梃能挞虎狼秦。能兴灭国柔强邻。呜呼安得如将军！

九姓渔船曲

　　白石青溪波作境，翩翩自照惊鸿影。本来此事不干卿，偏扰波澜生古井。使君五马从天来，八闽张罗网贤才。何图满载珊瑚后，还有西施网载回。西施一舸轻波软，原是官船当娃馆。玉女青胪隔牖窥，径就郎怀歌婉转。婉转假郎倚郎坐，不道鲁男真不可。此时忍俊未能禁，此夕消魂便真个。门前乌桕天将曙，搴帷重对双星诉。君看银潢一道斜，小星竟向鹊桥

渡。鹊桥一渡太匆匆，割臂盟寒忍负侬。不愿邮亭才一夕，宁将歌曲换三公。纷纷礼法言如雨，风语华言相诖误。欲乞春阴巧护花，绿章宁向东皇诉。略言臣到庚宗宿，大堤花艳惊人目，为求篛室梦泉丘，敢挈阿娇贮金屋。弹章自劾满朝惊，竟以风流微罪行。如何铁石心肠者，偏对梨涡忽有情？雅娘传语鸩媒妒，侬家世世横塘住，相当应嫁弄潮儿，不然便逐浮梁贾。张罗得鸟虽有缘，将珠抵鹊宁非误？祸水真成薄命人，微瑕究惜《闲情赋》。刚说高飞变凤凰，无端打散惊鸳鸯。金钗敲断都由我，团扇遮羞怕见郎。永丰坊柳丝丝绿，抛却一官剩双宿。莫将破甑屡回头，且唱同舟定情曲。

感　怀

下阻黄垆上九天，白云望断眼空悬。濛濛零雨又寒食，浩浩长流总逝川。万里游帷图一饱，三年泪忍到重泉。此身俯仰都惭愧，鞅掌犹言我独贤。

人境庐诗草卷五

黄遵宪

八月十五夜太平洋舟中望月作歌

　　茫茫东海波连天，天边大月光团圆，送人夜夜照船尾，今夕倍放清光妍。一舟而外无寸地，上者青天下黑水。登程见月四面明，归舟已历三千里。大千世界共此月，世人不共中秋节。泰西纪历二千年，只作寻常数圆缺。舟师捧盘登舵楼，船与天汉同西流。虬髯高歌碧眼醉，异方乐只增人愁。此外同舟下床客，梦中暂免供人役。沈沈千蚁趋黑甜，交臂横肱睡狼藉。鱼龙悄悄夜三更，波平如镜风无声。一轮悬空一轮转，徘徊独作巡檐行。我随船去月随身，月不离我情倍亲。汪洋东海不知几万里，今夕之夕惟我与尔对影成三人。
　　举头西指云深处，下有人家亿万户。几家儿女怨别离？几处楼台作歌舞？悲欢离合虽不同，四亿万众同秋中。岂知赤县神州地，美洲以西日本东，独有一客欹孤篷。此客出门今十载，月光惭照鬓毛改。观日曾到三神山，乘风竟渡大瀛海。举头只见故乡月，月不同时地各别，即今吾家隔海遥相望，彼乍东升此西没。嗟我身世独转蓬，纵游所至如凿空，禹迹不到夏时变，我游所历殊未穷。九州脚底大球背，天胡置我于此中？异时汗漫安所抵？搔头我欲问苍穹。倚栏不寐心憧憧，月影渐变朝霞红，朦胧晓日生于东。

归过日本志感

旧游重到一凄然，电掣光阴又四年。老辈渐闻歌《薤露》，沧波真易

167

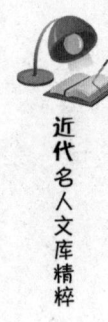

变桑田。出关符传行人玺，横海旌旗下濑船。今日荷戈边塞去，可堪雪窖复冰天。

舟中骤雨

极天唯海水，水际忽云横，云气随风走，风声挟雨行。鹏垂天欲堕，龙吼海齐鸣。忽出风围外，沧波万里平。

到香港

水是尧时日夏时，衣冠又是汉官仪。登楼四望真吾土，不见黄龙上大旗。

到广州

秋风独上越王台，吊古伤今几霸才。表里山河故无恙，逍遥天海此归来，沧波淼淼八千里，圆月匆匆一百回。自抚头颅看髀肉，侧身东望重徘徊。

黄遵宪

肇庆舟中

稳卧孤篷底,迷茫夜气微。使星正西向,零雨怅东归。灯影侵孤枕,波声荡四围。行藏无一是,万事付沾衣。

将至梧州志痛

洒尽灯前泪,偏沾身上衣。呼天惟负负,恋母尚依依。吹树风何急,寻巢鸟独飞。殷勤看行箧,在日寄当归。

游七星岩

归帆正藉好风吹,却为看山误我期。急水渐趋江合处,奇峰横出路穷时。欲寻柯斧仙何处?久困津梁佛亦疲。返景入林人坐久,昏鸦何事独归迟?

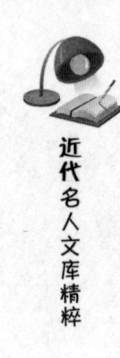

夜宿潮州城下

九曲潮江水，遥通海外天。客程余百一，江路故回旋。犬亦乡音吠，鸥依岸影眠。舻声催欸乃，既有晓行船。

夜　　泊

一行归雁影零丁，相倚双凫睡未醒。人语沈沈篷悄悄，沙光淡淡竹冥冥。近家乡梦心尤亟，拍枕涛声耳厌听。急趁天明催舻发，开门斜月带残星。

远　　归

人人相见各开颜，载得春风入玉关。邻里关心问筐箧，儿童拍手唱刀环。且图傍岸牵舟住，竞说乘槎犯斗还。海外名山都看遍，杖藜还看故乡山。

黄遵宪

乡人以余远归争来询问赋此志感

　　欢迎海客远游归，各认容颜半是非。六合外从何处说，十年来渐故人稀。糟床争送墙头酒，针线愁牵身上衣。旧识新交遍天下，可如亲戚话依依。

今　　夕

　　相逢都怪鬓毛苍，今夕重依灯烛光。已去年华一弹指，无穷心事九回肠。云中蜃气楼台幻，海外龙堆道路长。身世茫茫何可说，呼儿炊饭熟黄粱。

春夜招乡人饮

　　春风漾微和，吹断檐前雪。寒犬吠始停，众客互排闼。出瓮酒子酽，欹壁烛奴热。花猪间黄鸡，亦足供餔醊，团坐尽乡邻，无复苛礼设。以我久客归，群起争辩诘。初言日本国，旧是神仙窟。珊瑚交枝柯，金银眩宫阙。云余白传龛，锦留太真袜。今犹骖鸾来，眼见非恍惚。子乘仙槎去，应识长生诀。灵芝不死药，多少秘筐箧？或言可伦坡，索地始未获。匝月粮惧罄，磨刀咸欲杀。天神忽下降，指引示玉牒。巨鳌戴山来，再拜请手

171

接。狂呼登陆去，炮响轰空发，人马合一身，手秉黄金钺。野人走且僵，惊辟鬼罗刹。即今牛货洲，利尽西人夺。金穴百丈深，求取用不竭。又言太平洋，地当西南缺。下有海王宫，蛟螭恣出没。漫空白雨跳，往往鱼吐沫。曾有千斛舟，随波入长舌。天地黑如盘，腥风吹雨血。转肠入轮回，遗矢幸出穴。始知出鱼腹，人人庆复活。传闻浮海舟，尽裹十重铁。叠床十八层，上下各区别。牛羊豕鸡狗，万物萃一筏。康庄九达间，周庐千户辟。船头逮船尾，巡行认车辙。其人好楼居，四窗而八达。千光璧琉璃，五色红靺鞨。杰阁高入云，明明月可掇。出入鬼仙间，多具锁子骨。曾见高恒伎，行绳若飞越。犁鞬善眩人，变态尤诡谲。常闻海客谈，异说十七八。太章实亲见，然否待子决。

诸胡饱腥膻，四族出饕餮。饤盘比塔高，硬饼藉刀截。菜香苜蓿肥，酒艳葡萄泼。冷淘粘山蚝，浓汁爬沙鳖。动指思异味，谅子固不屑。古称美须眉，今亦夸白皙。紫髯盘蟠虬，碧眼闪健鹘。子年未四十，鬓鬓须在颊。诸毛纷绕涿，东涂复西抹。得毋逐臭夫，习染求容悦。子如夸狄强，应举巨觥罚。谬称夜郎大，能步禹迹阔。试披地球图，万国仅蚁虱。岂非谈天衍，妄论工剽窃。一唱十随和，此默彼又聒。醉喝杯箸翻，笑震屋瓦裂。平生意气颇，滔滔论不歇。到此穹诘屈。口箝舌反结。自作沧溟游，积日多于发。所见了无奇，无异在眉睫。《山经》伯翳知，《坤图》怀仁说。足迹未遍历，安敢邃排评。大鹏恣扶摇，暂作六月息。尚拟汗漫游，一将耳目豁。再阅十年归，一一详论列。

小　女

一灯团坐话依依，帘幕深藏未掩扉。小女挽须争问事，阿娘不语又牵衣。日光定是举头近，海大何如尔手围？欲展地球图指看，夜灯风幔落伊威。

黄遵宪

即　　事

　　墙外轻阴淡淡遮，床头有酒巷无车。将离复合风吹絮，乍暖还寒春养花。一醉懵腾如梦里，此身飘泊又天涯。打窗山雨琅琅响，犹似波涛海上槎。

下 水 船 歌

　　电光一掣光闪天，洪波直泻无回旋，饥鹰脱鞲兔走穴，驰轮下阪箭离弦。君看我舟疾如驶，世间快事那有此。潮头拍拍鸥乱飞，舟人叫绝篙师喜。一山当头一对面，倏忽两山都不见，群山转瞬眼欲花，况又山头云万变。江随山转气益骄，蹴沙啮石波横跳，山虽百折舟一直，拍耳惟觉风刁刁。风声水声相鼓荡，舷倾桅侧终无恙。风乘我耶我乘风？便凌霄汉游天上。年来足迹遍五洲，浮槎曾到天尽头。长风破浪奚足道，平生奇绝输此游。忽闻隔岸唱邪许，纤夫努力力如虎。百丈横牵上濑舟，三朝三暮见黄牛。

闭　　关

　　郁郁松阴外，深深一闭关。暂游二万里，小住两二间。云懒随龙卧，

风微任鸟还。墙头山自好，何必诩神山。

春暮偶游归饮人境庐

某水某山我故乡，今时今日好容光。频年花事春三月，独我蓬飘天一方。门外骊驹犹在道，堂前燕子稳栖梁。金盆月艳葡萄绿，便拟狂飞千百觞。

拜曾祖母李太夫人墓

郁郁山上松，呀呀林中鸟，松有荫孙枝，鸟非反哺雏。我生堕地时，太婆七十五，明年阿弟生，弟兄日争乳。太婆向母怀，伸手抱儿去，从此不离开，一日百摩抚。亲手裁绫罗，为儿制衣裳，糖霜和面雪，为儿作餦餭，发乱为梳头，脚腻为暖汤，东市买脂粉，矑面日生香，头上盘云髻，耳后明月珰。红裙绛罗襦，事事女儿妆。牙牙初学语，教诵《月光光》。一读一背诵，清如新炙簧。三岁甫学步，送儿上学堂。知儿故畏怯，戒师莫严壮。将出牵衣送，未归倚闾望，问讯日百回，赤足足奔忙。春秋多佳日，亲戚尽团聚，双手擎掌珠，百口百称誉。我家七十人，诸子爱渠祖，诸妇爱渠娘，诸孙爱渠父。因裙便惜带，将缣难比素。老人性偏爱，不顾人笑侮。邻里向我笑：老人爱不差，果然好相貌，艳艳如莲花。诸母背我骂：健犊行破车，上树不停脚，偷芋信手爬。昨日探鹊巢，一跌败两牙，噀血喷满壁，盘礴画龙蛇。兄妹昵我言：向婆乞金钱。直倾紫荷囊，滚地金铃圆。爹娘附我耳：劝婆要加餐。金盘脍鲤鱼，果为儿下咽。伯叔牵我手，心知不相干，故故摩儿顶，要图老人欢。

儿年九岁时，阿爷报登科，剑儿大父傍，一语三摩挲，此儿生属猴，聪明较猴多。雏鸡比老鸡，异时知如何？我病又老耄，情知不坚牢。风吹儿不长，那见儿扶摇。待儿胜冠时，看儿能夺标。他年上我墓，相携著宫袍。前行张罗伞，后行鸣鼓箫。猪鸡与花果，一一分肩挑。爆竹响墓背，墓前纸钱烧。手捧紫泥封，云是夫人诰。子孙共罗拜，焚香向神告：儿今幸胜贵，颇如母所料。世言鬼无知，我定开口笑。大父回顾儿：此言儿熟记。一年记一年，儿齿加长矣。儿是孩提心，那知太婆事，但就儿所见，依稀记一二。太婆每出入，笼东拄一杖，后来杖挂壁，时见垂帷帐。夜夜携儿眠，呼娘搔背蜱。辗转千捶腰，殷殷春雷响。佛前灯尚明，窗隙见月上。大父搴簾来，欢笑时鼓掌。琐屑及乡邻，讥诃到官长。每将野人语，眩作鬼魅状。太婆悄不膺，便知婆欲睡，户枢徐徐关，移踵车轮曳。明朝阿娘来，奉匜为盥洗，欲饭爷捧盘，欲羹娘进匙。大父出迎医，觑缕讲脉理。咀嚼分尝药，斟酌共量水。自儿有知识，日日见此事。

几年举场忙。几年绝域使。忽忽三十年，光阴迅弹指。今日来拜墓，儿既须满嘴。儿今年四十，大父七十九，所喜颇聪强，容颜类如旧。周山看松柏，不要携杖走。拜跪不须扶，未觉躬伛偻。挂珠碧霞犀，犹是母所授。绣补炫锦鸡，新自粤西购。一手搴领髭，一手振袍袖，打鼓唱迎神，红毡齐泥首。上头热红香，中间酎黄酒。青箬苞黍粽，紫丝络莲藕。大父在前跪，诸孙跪在后。森森排行笋，依依伏杨柳。新妇外曾孙，是婆定昏媾。阿端年始冠，昨年已取妇。随兄擎腰扇，阿和亦十五。长檸次当孙，此皆我儿女。青青秀才衣，两弟名谁某。少者新簪花，捧觞前拜手。次弟别后先，提抱集贱幼。一家尽偕来，只恨不见母。母在婆最怜，刻不离左右。今日母魂灵，得依太婆否？树静风不停，草长春不留。世人尽痴心，乞年拜北斗。百年那可求，所愿得中寿。谓儿报婆恩，此事难开口。求母如婆年，儿亦奉养久。儿今便有孙，不得母爱怜。爱怜尚不得，那论贤不贤。上羡大父福，下伤吾母年。吁嗟无母人，悠悠者苍天！

遣　　闷

花开花落掩关卧，负汝春光奈汝何！天下事原如意少，眼中人渐后生多。声声暮雨萧萧曲，去去流光踏踏歌。今日今时有今我，茶烟禅榻病维摩。

寒　食

几日春阴画不成，才过寒食又清明。霏霏红雨花初落，袅袅白波萍又生。栏外轻寒簾内暖，竹中微滴柳梢晴。浮云万变寻常事，一瞬光阴几娄更。

夜　饮

长风吹月过江来，照我华堂在手杯。莫管阴晴圆缺事，尽欢三万六千回。胸中五岳撑空起，眼底浮云一扫开。玉管铜弦兼铁板，与君扶醉上高台。

日本国志书成志感

湖海归来气未除，忧天热血几时摅？《千秋鉴》借《吾妻镜》，四壁图悬人境庐。改制世方尊白统，《罪言》我窃比《黄书》。频年风雨鸡鸣夕，洒泪挑灯自卷舒。

黄遵宪

十月十九日至沪初随何大臣如璋使日本即于是日由上海东渡今十二年矣

百年有几相逢日？一别重来十二年。海水萍踪仍此地，岁星荔实忽周天。长江浪击轰云炮，绝漠寒深大窖毡。公正南归吾北上，欲论近事恨无缘。

由潮州溯流而上驶风舟行甚疾

借得南风便，无嫌上水船。千帆张鸟翼，一席尽鸥眠。树若迎人立，桅随倚枕偏。篙师相对语，今夕且神仙。

夜泊高陂其地多竹

一篷凉月冷于秋，万竹潇潇俯碧流。欲拟勾留留不得，明年何处梦黄州？

人境庐诗草卷六

自香港登舟感怀

又指天河问析津,东西南北转蓬身。行行遂越三万里,碌碌仍随十九人。久客暂归增别苦,同舟虽敌亦情亲。龙旗猎猎张舻去,徒倚阑干独怆神。

过安南西贡有感

沧海归来伏著书,平生豪气未全除。仰看跕跕飞鸢堕,转忆乡人下泽车。

高下连云拥百城,一江直溯到昆明。可怜百万提封地,不敌弹丸一炮声。

神功远拓东西极,圣武张皇六十年。不信王师倒戈退,翻将化外弃南天。

九真象郡吾南土,秦汉以前既版图。一自三杨倡义后,珠崖永弃不还珠。

班超投笔气如山,万里封侯出玉关。今岂无人探虎穴,宝刀难染血痕殷。

黄遵宪

锡兰岛卧佛

　　大风西北来，摇天海波黑，茫茫世界尘，点点国土墨。虽曰中国海，无从问禹迹。近溯唐南蛮，远逮汉西域，旧时《职贡图》，依稀犹可识。自明遣郑和，使节驰络绎，凡百马流种，各各设重译，金叶铸多罗，玉环献摩勒，每以佛光明，表颂帝威德。

　　苏禄率群臣，渤泥挈尽室。阑斑被绣缦，扶服拜赤韠。是虽蛮夷长，窃号公侯伯，比古小诸侯，尚足称蒲璧。其他鸟了部，争亦附商舶。有诏镇国山，碑立高百尺，以此明得意，比刻之罘石。及明中叶后，朝贡渐失职。岂知蕞尔国，既经三四摘。铁围薄福龙，大半供鸟食。我行过九真，其次泊息力。婆罗左右望，群岛比虮虱。咸归西道主，尽拔汉赤帜，日夕兴亡泪，多于海水滴。行行复行行，便到师子国。

　　浩浩象口水，流到殑伽山。遥望伽堵波，相约僧跻攀。中有卧佛像，丈六金身坚。右叠重累足，左握光明拳，虽具坚牢相，软过兜罗绵。水田脱净衣，鬓云堆华鬘，大青发屈蠡，围金耳垂环。就中白毫光，普照世大千，八十种好相，一一功德圆。是谁摄巧匠？上登忉利天，刻此牛头檀，妙到秋毫颠。或言佛涅槃，娑罗双树间，此即荼维地，斯语原讹传。惟佛有神力，高踞两山巅，至今双足迹，尚隔十由延。或言古无人，只有龙鬼仙，其后买珠人，渐次成市廛。此亦妄造语，有如野狐禅。实则经行地，与佛大有缘，参天贝多树，由此枝叶繁。独怪如来身，不坐千叶莲，既付金缕衣，何不一启颜？岂真津梁疲，老矣倦欲眠。如何沈沈睡，竟过三千年？

　　吁嗟佛灭度，世界眼尽灭。最先王舍城，大辟禅师窟，迦叶与阿难，结集佛所说。尔来一百年，复见大会设。恒河左右流，犍槌声不绝。其后阿育王，第一信佛法，能役万鬼神，日造八万塔，举国施与佛，金榜国门揭。九十六外道，群言罢一切。复遣诸弟子，分授十万偈，北有大月氏，先照佛国月，四开无遮会，各运广长舌。汉家通西域，声教远相接，金人一入梦，白马来负笈，绳行复沙度，来往踵相蹑。总持四千部，重译多于

发，华言通梵语，众推秦罗什。后分律法论，宗派各流别，要之佉卢字，力大过仓颉。南有狮子王，凿字赤铜鍱，当时东西商，互通度人筏，但称佛弟子，能避鬼罗刹，遂使诸天经，满载商人箧。鸟啄蒇子洲，畏鬼性骇怯，一闻地狱说，心畏骇摩杀，赖佛得庇护，无异栖影鸽。国主争布金，妃后亦托钵，尊佛过帝天，高供千白氎，乐奏梵音曲，讼听番僧决，向来文身人，大半著僧衲。达摩浮海来，一花开五叶，语言与文字，一喝付抹杀，十年勤面壁，一灯传立雪，直指本来心，大声用棒喝。非特道家流，附会入庄列，竟使宋诸儒，沿袭事剽窃。最奇宗喀巴，别得大解脱，不生不灭身，忽然佛复活。西天自在王，高踞黄金榻，千百毡裘长，膜拜伏上谒，西戎犬羊性，杀人日流血，喃喃诵经声，竟能消杀伐，藏卫各蕃部，无复事鞭挞。

即今奔巴瓶，改法用金鞭，论彼象教力，群胡犹震慑。综佛所照临，竟过九州阔，极南到朱波，穷北逾靺鞨，大东渡日本，天皇尽僧牒。此方护佛齿，彼土迎佛骨，何人得钵缘，某日是箭节，庄饰紫金阶，供食白银阙，倒海然脂油，震雷响金钹，香云幢幡云，九天九地彻，五百虎狮象，遍地迎菩萨。谓此功德盛，当历千万劫，有国赖庇护，金瓯永无缺。岂知西域贾，手不持寸铁，举佛降生地，一旦尽劫夺。

我闻舒五指，化作狮子雄，能令众醉象，败窜头笼东。何不敕兽王，俾当敌人冲？我闻粗大力，手张祖王弓，射过七铁猪，入地千万重。何不矢一发，再张力士锋？我闻四海水，悉纳毛孔中，蛟龙与鱼鳖，众生无不容。何不口一吸，令化诸毛虫？我闻大千界，一击成虚空，譬掷陶家轮，极远到无穷。何不气一喷，散为鞭蓝风？我闻三昧火，烧身光熊熊，千眼金刚杵，头出烟焰红。何不呼阿奴，一用天火攻？我闻安息香，力能勒毒龙，尾击须弥山，波涛声汹汹。何不呼小婢，悉遣河神从？我闻阿修罗，横攻善见宫，流尽赤蚌血，藕丝遁无踪。何不取天杖，压制群魔凶？我闻毗琉璃，素守南天封，薜荔鸠槃荼，万鬼声嗯嗯。何不饬鬼兵，力助天王功？惟佛大法王，兼综诸神通，声闻诸弟子，递传术犹工。如何敛手退，一任敌横纵，竟使清净土，概变腥膻戎？五方万天祠，一齐鸣鼓钟。遥望西王母，虎齿发蓬蓬，合上皇帝号，万宝朝河宗。佛力遂扫地，感叹摧肝胸。

佛不能庇国，岂不能庇教，奈何五印度，竟不闻佛号！古有《韦陀》书，云自梵天造，贵种婆罗门，挟此肆凌傲。凡夫钝根辈，分定莫能校。自佛倡平等，人各有业报，天堂与地狱，善恶人所召。卑贱众首陀，吹螺喜相告，亦有婆罗门，渐渐服教导。食屑鹙鸠行，夜行鸺鹠叫，涂灰身半裸，拜月脚左跷，各弃事天业，回向信三宝。

大地阎浮提，慈云遍覆帱。何意梵志辈，势盛复鼓噪，灰死火复然，尾大力能掉，别创温都名，布以人皇诏，佛头横著粪，诃骂杂嘲诮，尽驱出家人，一一出边徼。外来波斯胡，更立镈神庙，千牛祭火光，万马拜日曜。嗣后摩诃末，采集各经要，一经衍圣传，一剑镇群暴，谓此哥罗尼，实以教忠孝，天使乘白马，口宣天所诰，从则升九天，否则杀左道，教主兼霸王，黄屋建左纛。继以蒙古主，挟势尤桀骜，以彼转轮王，力大谁敢较。迩来耶稣徒，遍传《新旧约》，载以通商舶，助以攻城炮，谓天只一尊，获罪无所祷，一切土木像，荒诞尽可笑，顶上舍利珠，拉杂付摧烧，竟使佛威德，灯灭树倾倒，摩耶抚钵哭，迦叶捧衣悼。像法二千年，今真末劫到。恶王魔波旬，更使众魔娆。天人八部众，谁不生悲恼？

噫嗟五大洲，立教几教皇？惟佛能大仁，首先唱天堂。以我悲悯心，置人安乐乡。古分十等人，贵贱如画疆。惟佛具大勇，自弃铜轮王。众生例平等，一律无低昂。罪畏末日审，报冀后世偿。佛说有弥勒，福德莫可当，将来僧祇劫，普渡胥安康。此皆大德慧，倾海谁能量。古学水火风，今学声气光，辩才总无碍，博综无不详。独惜说慈悲，未免过主张，臂称穷鸽肉，身供饿虎粮，左手割利刃，右手涂檀香。冤亲悉平等，善恶心皆忘。愈慈愈忍辱，转令身羸尪。兽蹄交鸟迹，一听外物戕。人间多虎豹，天上无凤凰，虎豹富筋力，故能恣强梁，凤凰太文彩，毛羽易摧伤，惟强乃秉权，强权如金刚。吁嗟古名国，兴废殊无常。罗马善法律，希腊工文章。开化首埃及，今亦归沦亡。

念我亚细亚，大国居中央，尧舜四千年，圣贤代相望。大哉孔子道，上继皇哉唐，血气悉尊亲，声名被八荒。到今四夷侵，尽撤诸边防。天若祚中国，黄帝垂衣裳，浮海率三军，载书使四方，王威镇象主，鬼族驯狼胧，归化献赤土，颂德歌白狼，共尊天可汗，化外胥来航，远及牛贺洲，鞭之如群羊。海无烈风作，地降甘露祥，人人仰震旦，谁侮黄种黄？弱供万国役，治则天下强。明王久不作，四顾心茫茫。

温则宫朝会

万灯悬耀夜光珠，绣缕黄金匝地铺。一柱通天铭武后，三山绝岛胜方壶。如闻广乐钧天奏，想见重华《盖地图》。五十余年功德盛，女娲以后世应无。

重 雾

碌碌成何事，有船吾欲东。百忧增况瘁，独坐屡书空。雾重城如漆，寒深火不红。昂头看黄鹄，高举挟天风。

伦敦大雾行

苍天已死黄天立，倒海翻云百神集。一时天醉帝梦酣，举国沈迷同失日。芒芒荡荡国昏荒，冥冥蒙蒙黑甜乡，我坐斗室几匝月，面壁惟拜灯光王。时不辨朝夕，地不识南北，离离火焰青，漫漫劫灰黑。如渡大漠沙尽黄，如探岩穴黝难测。化尘尘亦缁，望气气皆墨，色象无可名，眼鼻若并塞。岂有盘古氏，出世天再辟。又非阿修罗，搅海水上击。忽然黑暗无间堕落阿鼻狱，又惊恶风吹船飘至罗刹国。出门寸步不能行，九衢遍地铃铎声。车马鸡栖匿不出，楼台蜃气中含腥。天罗磕匝偶露缺，上有红轮色如血。暖暖曾无射目光，凉凉未觉炙手热。吾闻地球绕日日绕球，今之英属遍五洲，赤日所照无不到，光华远被天尽头。乌知都城不见日，人人反抱天堕忧。又闻地气蒸腾化为雨，巧算能知雨点数。此邦本以水为家，况有灶烟十万户。倘将四海之雾铢积寸算来，或尚不如伦敦城中雾。

在伦敦写真志感

人海茫茫着此身，苍凉独立一伤神。递增哀乐中年感，等是寻常行路人。万里封侯从骠骑，中兴名相画麒麟。虎头燕颔非吾事，何用眉头郁不申。

得梁诗五书

廿年踪迹半天下，数尽新交总不如。四海几人真我友，万金一纸当家书。相期云汉高飞鹄，难忘江湖同队鱼。事事蹉跎落人后，可堪君尚逐前车。

今　别　离

别肠转如轮，一刻既万周。眼见双轮驰，益增中心忧。古亦有山川，古亦有车舟，车舟载离别，行止犹自由。今日舟与车，并力生离愁。明知

须臾景，不许稍绸缪，钟声一及时，顷刻不少留。虽有万钧柁，动如绕指柔；岂无打头风，亦不畏石尤。送者未及返，君在天尽头，望影倏不见，烟波杳悠悠。去矣一何速，归定留滞不？所愿君归时，快乘轻气球。

朝寄平安语，暮寄相思字，驰书迅已极，云是君所寄。既非君手书，又无君默记，虽署花字名，知谁箝缡尾？寻常并坐语，未遽悉心事，况经三四译，岂能达人意，只有班班墨，颇似临行泪。门前两行树，离离到天际，中央亦有丝，有丝两头系。如何君寄书，断续不时至？每日百须臾，书到时有几？一息不相闻，使我容颜悴。安得如电光，一闪至君旁。

开函喜动色，分明是君容，自君镜奁来，入妾怀袖中。临行剪中衣，是妾亲手缝，肥瘦妾自思，今昔得毋同？自别思见君，情如春酒浓，今日见君面，仍觉心忡忡。揽镜妾自照，颜色桃花红。开箧持赠君，如与君相逢。妾有钗插鬓，君有襟当胸，双悬可怜影，汝我长相从。虽则长相从，别恨终无穷。对面不解语，若隔山万重。自非梦来往，密意何由通。

汝魂将何之？欲与君追随，飘然渡沧海，不畏风波危。昨夕入君室，举手搴君帷，披帷不见人，想君就枕迟。君魂倘寻我，会面亦难期。恐君魂来日，是妾不寐时，妾睡君或醒，君睡妾岂知，彼此不相闻，安怪常参差。举头见明月，明月方入扉，此时想君身，侵晓刚披衣。君在海之角，妾在天之涯，相去三万里，昼夜相背驰，眠起不同时，魂梦难相依。地长不能缩，翼短不能飞，只有恋君心，海枯终不移。海水深复深，难以量相思。

忆胡晓岑

一别匆匆十六年，云龙会合更无缘。隔邻呼饮记同巷，积岁劳思寄一笺。无数波涛沧海外，何时谈话酒杯前？太章走遍东西极，天外瀛洲别有天。

黄遵宪

感事三首

　　酌君以葡萄千斛之酒，赠君以玫瑰连理之花，饱君以波罗径尺之果，饮君以天竺小团之茶，处君以琉璃层累之屋，乘君以通幌四望之车，送君以金丝压袖之服，延君以锦幔围墙之家。红氍贴地灯耀壁，今夕大会来无遮。褰裳携手双双至，仙之人兮纷如麻。绣衣曳地过七尺，白羽覆髻腾三叉，襜褕乍解双臂袒，旁缀缨络中宝珈，细腰亭亭媚杨柳，窄靴簇簇团莲华。膳夫中庭献湩乳，乐人阶下鸣鼓筎。诸天人龙尽来集，来自天汉通银槎。衣裳阑斑语言杂，康乐和亲欢不哗。问我何为独不乐，侧身东望三咨嗟？

　　吾闻弇州西有西极国，积苏累块杳无极。又闻昆仑山高万余里，增城九重天尺咫。此皆钧天帝所都，聚窟亦属神仙徒，元洲长洲本幻渺，丹水赤水疑有无。又闻西方大秦国，远铁南海波斯胡。水晶作柱夜光络，绣缕织罽黄金涂。犁轩善眩虽略妄，张骞凿空原非诬。谈天足征邹子说，《盖地》亦列王母图。东西隔绝旷千载，列国崛兴强百倍。道通南徼仍识途，舟绕大郎竟超海。衣裳之会继兵车，跂行蠕动同一家，穆满辙迹所不到，今者联翩来乘槎。吁嗟乎！芒芒九有古禹域，南北东西尽戎狄。岂知七万余里大九洲，竟有二千年来诸大国。

　　地球浑浑周八极，天设区域限西北。绳行沙度不可涉，黑风况畏罗刹国。咄哉远人来叩关，凿地忽通西南蛮，贾胡竟到印度海，师船还越大浪山。婆罗苏禄吾南土，从此汉阳咸入楚。长蛇封豕恣并吞，喁喁鹅鲽来无涛。可仑比亚尤人豪，搜索大地如追逃。裹粮三月指西发，极目所际惟波鳖。行行匝月粮且罄，舟人欲杀鬼夜号。忽然大陆出平地，一钓手得十五极。即今美洲十数国，有地万里民千亿。测。精卫终偿填海志，巨灵竟有擘山力。华严楼阁虽则奇，沧海桑田究难加。堂堂大国称支那，文物久冠亚细亚。流沙被德广所及，却恃威远蔑以牙。宋明诸儒骛虚论，徒诩汉大夸皇华。谬言要荒不足论，乌知壤地交犬测。俄罗英法联翩起，四邻逼外环相伺，着鞭空让他人先，卧榻一任旁侧

睡。古今事变奇至此，彼已不知宁勿耻。持被入直剌剌语不休。劝君一聘四方志。

寄怀左子兴领事秉隆

古人材艺今俱有，却是今人古不如。十载勋名辅英簜，一家安乐寄华胥。头衔南岛蛮夷长，手笔西方象寄书。闻说狂歌敲铁板，大声往往骇龙鱼。

送承伯纯厚吏部东归

他日是非谁管得，当前聚散亦飘蓬。茫茫海水摇天绿，说到归心谅总同。

岁暮怀人诗

三年秉节辉英簜，万里持戈老玉门。太息韩江流水去，近来心事共谁论？

卅年冷署付蹉跎，归去空山卧薜萝。写到哀辞哭金鹿，黄门老泪定无多。

既死奸谀胆尚惊，四夷拱手畏公名。一篇荐士通天表，独尔怜才到鲰生。

门第将军双戟围，长安花好马如飞。只怜同听秋声馆，瘦竹疏桐鹤不肥。

祭酒今为天下师，帝尧苗裔汉官仪。文星光照银潢水，流到人间万派奇。

要使天骄识凤麟，传闻星使出词臣。毡裘大长惊相问，李揆中朝第一人。

岛夷史读《吾妻镜》，清庙书传《我子篇》。写取君诗图我壁，自夸上下五千年。

自笑壶丘慑郑巫，有时弹指说兰闍。四朝盟会文山积，排比成书有意无？

十载承明校石渠，搜罗《七录》更无余。传闻《大典》藏蛮貊，欲访人间未见书。

天竺新茶日本丝，中原争利渐难支。相期共炼补天石，一借丸泥塞漏卮。

怀仁久熟《坤舆志》，法显兼通佛国言。闻说荷囊趋译馆，定从绝域纪辎轩。

典属从公欲请缨，吓蛮草诏喜谈兵。迷云毒雾飞鸢坠，曾佐星轺万里行。

汉学昌明二百年，儒林中有妇人贤。绛纱传授宣文业，自诩家姑王照圆。

天边雄镇北门管，海内通儒东塾书。膝下传经幕中檄，数君才调有谁如？

释之廷尉由参乘，博望封侯自使槎。官职诗名看双好，纷纷冠盖逊清华。

一疏尊崇到许君，壁中古字发奇芬。郫亭弟子湖州法，讽籀人人解《说文》。

粉署归来作昼眠，花砖徐步日如年。不知新旧《唐书》注，红烛增修得几篇？

赤嵌城高海色黄，乍销兵气变文光。他年番社编《文苑》，初祖开山天破荒。

老去头陀深闭关，悔将游戏到人间。杨枝骆马今都去，负杖闲看乌石山。

百人同队试青衫，记得同歌宵雅三；上溯乾嘉数毛郑，瓣香应继著

黄遵宪

花庵。

高柳深深闭户居，看儿画扇妇钞书。著书注到萍蒲懒，恨不将身化作鱼。

结客须结少年场，占士能占男子祥。二十年前赠君语，于今憔悴鬓微霜。

走遍环球西复东，莼鲈归隐卧吴淞。可怜一副伤时泪，洒尽吞花卧酒中。

十洲三岛浮槎去，汗漫狂游久未还。输与清闲阳朔令，朝朝拄笏饱看山。

闻君近入焦山去，欲访要离伴伯鸾。一个蜗庐置何处？漫山风雨黑如磐。

娓娓清谈玉屑霏，仲宣体弱不胜衣。十年面壁精勤甚，多恐量腰减带围。

骨肉凋零感慨多，玉关人老鬓微皤。金壶自写《神伤赋》，每念家山辄奈何。

教儿兼习蟹行字，呼婢闲调鹉舌音。十载蓬莱作仙吏，公庭花落屋庐深。

珠江月上海初潮，酒侣诗朋次第邀。唱到招郎《吊秋喜》，桃花间竹最魂消。

石鼓摩挲拜孔林，每谈佛性说仙心。赤松辟谷知难学，要学先生戏五禽。

拔萃簪花十五余，倾城看杀好头颅。不知今日灵和柳，犹似当年张绪无？

风雨寒更守一庐，墓门夜夜泣啼乌。多情人惯伤心语，更谱哀弦十斛珠。

十七年来又悼亡，续弦仍复谱求皇。纍纍四十罗敷喜，摩拶郎须细看郎。

两两鸳鸯挟凤雏，调羹食性各谙姑。一家寿母红氍拜，最羡君家家庆图。

新声五十瑟弦调，爱我诗曾手自钞。远隔蓬山思甲帐，此生无福比文箫。

悲欢离合无穷事，迢递羁危万里身。与我周旋最怜我，寒更孤烛未归人。

黄遵宪

春　游　词

垂柳含春春意多，几分婀娜几婆娑？车声怒马尘黄麴，桥影横虹水绿波。并坐竞夸中妇艳，缓归争唱少年歌。黄鸡白日堂堂去，欲唤玲珑奈老阿！

郁　郁

郁郁久居此，依依长傍人。梨花今夜雨，燕子隔年春。门掩官何冷，灯孤仆亦亲。车声震墙外，滚滚尽红尘。

登巴黎铁塔

拔地崛然起，崚峥矗百丈。自非假羽翼，孰能蹑履上？高标悬金针，四维挂铁网。下竖五丈旗，可容千人帐。石础森开张，露阙屹相向。游人企足看，已惊眼界创。悬车倏上腾，乍闻辘轳响。人已不翼飞，迥出空虚上。并世无二尊，独立绝依傍。即居最下层，高已莫能抗。苍苍覆大圜，森芒列万象。呼吸通帝座，疑或通肸蚃。自天下至地，俯察不复仰。但恨目力穷，更无外物障。离离画方罫，万顷开沃壤。微茫一线遥，千里走河广。宫阙与城垒，一气作苍莽。不辨牛马人，沙虫纷扰攘。我从下界来，小大顿变相。未知天眼窥，么么作何状？北风冰海来，秋气何飒爽。海西

数点烟，英伦郁相望。缅昔百年役，裂地争霸王。驱民入锋镝，倾国竭府帑。其后拿破仑，盖世气无两。胜尊天单于，败作降王长。欧洲古战场，好胜不相让。即今正六帝，各负天下壮。等是蛮触争，纷纷校得丧。嗟我稊米身，尪弱不自量。一览小天下，五洲如在掌。既登绝顶高，更作凌风想。何时御气游，乘球恣来往，扶摇九万里，一笑吾其傥。

苏伊士河

龙门竟比禹功高，亘古流沙变海潮。万国争推东道主，一河横跨两洲遥。破空椎凿地能缩，衔尾舟行天不骄。他日南溟疏辟后，大鹏击水足扶摇。

九月十一夜渡苏伊士河

云敛天高暑渐清，沈沈鱼钥夜三更。侵衣雪色添秋冷，绕槛灯光混月明。大漠径从沙碛度，双轮徐碾海波平。忽思十五年前事，曾在蓬莱岛上行。

舟泊波塞是夕大雨盖六月不雨矣

流沙亘千里，绝塞比龙堆。飞隼盘云去，明驼载水来。破荒三尺雨，出地一声雷，溽暑都销尽，当风殊快哉！

人境庐诗草卷七

黄遵宪

夜登近海楼

曾非吾土一登楼，四野风酣万里秋。烂烂斗星长北指，滔滔海水竟西流。昂头尚照秦时月，放眼犹疑禹画州。回首宣南苏禄墓，记闻诸国赋共球。

续怀人诗

创获奇香四百年，散花从此遍诸天。支那奇字来何处？絮问蒸菸说药烟。

帕首靴刀走北门，竟从逋盗作忠臣。一腔热血兴亚会，认取当年蹈海人。

宪宪英英伟丈夫，不将韬略学孙吴。恨无舞袖回旋地，戏倒天吴拆海图。

不关魏晋兴亡事，自署羲皇上古人。白竹兜笼黄木屐，科头可用护寒巾？

得诗便付铜絃唱，对局何曾玉鞬输。绕鬓青青好颜色，绝伦还似旧髯无？

长华园里好亭楼，每到花时载酒游。岁岁花开频入梦，桑乾梦醒梦并州。

袖中各有赠行诗，向岛花红水碧时。只恨书空作唐字，独无炼石补天词。

一龛灯火最相亲，日日车声辗曲尘。绝胜海风三日夜，拿舟空访沈南苹。

已破家山剩故侯，秦筝赵瑟尚风流。可能网载西施去，不解风波不解愁？

曾观《菩萨处胎卷》，又访《那须国造碑》。直引蛇行横蟹足，而今安用此毛锥？

无端碌碌随官去，仍是铿铿说教师。黄面瞿夷金指爪，可曾嫁毕女先医？

几年辛苦赋同袍，胆大于身气自豪。得失鸡虫何日了，笑中常备插靴刀。

绕朝赠策送君归，魏绛和戎众共疑。骂我倭奴兼汉贼，函关难闭一丸泥。

褒衣博带进贤冠，礼乐东方万国看。尺二玺书旗太极，是王外戚是王官。

东方南海妃呼豨，身是流离手采薇。深夜骊龙都睡熟，记君痛哭赋《无衣》。

波臣流转哭途穷，犹自低徊说故宫。中有丹书有金印，蛮花仙蝶粉墙红。

新嘉坡杂诗十二首

天到珠崖尽，波涛势欲奔。地犹中国海，人唤九边门。南北天难限，东西帝并尊。万山排戟险，嗟尔故雄藩。

本为南道主，翻拜小诸侯。巧夺盟牛耳，横行看马头。黑甜奴善睡，黄教佛能柔。遂划芒芒迹，难分禹画州。

华离不成国，黔首尚遗黎。家蓄獠奴段，官尊鸭姓奚。神差来却要，天号改撑犁。《益地》图王母，诸蛮尽向西。

王屋沈沈者，群官剑佩磨。开衙尊鸟了，检历籍喽啰。巢幕红鹰集，街弹白鹭多。独无关吏暴，来去莫谁何。

黄遵宪

裸国原狼种，初生赖豕嘘。吒吒通鸟语，袅袅学虫书。吉贝张官伞，干兰堂佛庐。人奴廿十等，只愿饱朱儒。
𬘡绝阴天所，犁鞭善眩人。偶题木居士，便拜竹王神。飞虫民头落，迎猫鬼眼瞋。一经簪笔问，语怪总非真。
化外成都会，迁流或百年。土音晓鸠舌，火色杂鸢肩。马粪犹余臭，牛医亦值钱。奴星翻上座，舐鼎半成仙。
不着红蕖韈，先夸白足霜。平头拖宝鞾，约指眩金钢。一扣能千万，单衫但裲裆。未须医带下，药在女儿箱。
绝好流连地，流连味细尝。侧生饶荔子，偕老祝槟榔。红熟桃花饭，黄封椰酒浆。都缦都典尽，三日口留香。
舍影摇红豆，墙阴覆绿蕉。问山名漆树，计斛蓄胡椒。黄熟寻香木，青曾探锡苗。豪农衣短后，遍野筑团焦。
会饮黄龙去，驮经白马来。国旗飐万舶，海市幻重台。宝藏诸天集，关门四扇开。红髯定何物，骄子复雄才。
远拓东西极，论功纪十全。如何伸足地，不到尽头天？宝盖缝花网，金函护叶笺。当时图职贡，重检帝尧篇。

以莲菊桃杂供一瓶作歌

南斗在北海西流，春非我春秋非秋。人言今日是新岁，百花烂漫堆案头。主人三载蛮夷长，足遍五洲多异想。且将本领管群花，一瓶海水同供养。莲花衣白菊花黄，夭桃侧侍添红妆。双花并头一在手，叶叶相对花相当。浓如栴檀和众香，灿如云锦纷五色。华如宝衣陈七市，美如琼浆合天食。如竞筛鼓调筝琶，蕃汉龟兹乐一律。如天雨花花满身，合仙佛魔同一室。如招海客通商船，黄白黑种同一国。
一花惊喜初相见，四千余岁甫识面；一花自顾远自猜，万里绝域我能来；一花退立如局缩，人太孤高我惭俗；一花傲睨如居居，了更妩媚非粗疏。有时背面互猜忌，非我族类心必异；有时并肩相爱怜，得成眷属都有缘；有时低眉若饮泣，偏是同根煎太急；有时仰首翻踌躇，欲去非种谁能

锄；有时俯水瞑不语，谁滋他族来逼处；有时微笑临春风，来者不拒何不容。众花照影影一样，曾无人相无我相。传语天下万万花，但是同种均一家。古言猗傩花无知，听人位置无差池。我今安排花愿否？拈花笑索花点首。花不能言我饶舌，花神汝莫生分别。唐人本自善唐花，或者并使兰花梅花一齐发。飚轮来往如电过，不日便可归支那。此瓶不干花不萎，不必少见多怪如橐驼。地球南北倘倒转，赤道逼人寒暑变，尔时五羊仙城化作海上山，亦有四时之花开满县。

即今种花术益工，移枝接叶争天功，安知莲不变桃桃不变为菊，回黄转绿谁能穷？化工造物先造质，控抟众质亦多术，安知夺胎换骨无金丹，不使此莲此菊此桃万亿化身合为一。众生后果本前因，汝花未必原花身，动物植物轮回作生死，安知人不变花花不变为人。六十四质亦么么，我身离合无不可，质有时坏神永存，安知我不变花花不变为我。千秋万岁魂有知，此花此我相追随。待到汝花将我供瓶时，还愿对花一读今我诗。

眼　　前

眼前男女催人老，况是愁中与病中。相对灯青恍如梦，未须头白既成翁。添巢燕子双雏黑，插帽花枝半面红。不信旁人称岁暮，且忻生意暖融融。

寓章园养疴

海色苍茫夜气微，一痕凉月入柴扉。独行对影时言笑，排日量腰较瘦肥。平地风波听受惯，频年哀乐事心违。笠檐蓑袂桡榔杖，何日东坡遂北归？

黄遵宪

番 客 篇

　　山鸡爱舞镜，海燕贪栖梁，众鸟各自飞，无处无鸳鸯。今日大富人，新赋新婚行。插门桃柳枝，叶叶何相当。垂红结彩球，绯绯数尺长。上书大夫第，照耀门楣光。中庭寿星相，新筵供中央，隐囊班丝细，坐褥棋局方，两旁螺钿椅，有如两翼张。丹楹缀锦联，掩映蛎粉墙，某某再拜贺，其语多吉祥。中悬剥风板，动摇时低昂。遍地红藤簟，泼眼先生凉。地隔衬蒐白，水纹铺流黄。深深竹丝簾，内藏合欢床，局脚福寿字，点画皆银镶。蚊帱挂碧绡，犀毗堆红箱。旁室铜澡盆，满储七香汤。四壁垂流苏，碎镜随风飐。华灯千百枝，遍绕曲曲廊，庭下众乐人，西乐尤铿锵，高张梵字谱，指挥抑复扬。拿口铜洞箫，芦哨吹如簧，此乃故乡音，过耳音难忘。蕃乐细腰鼓，手拍声镗镗，喇叭与毕栗，骤听似无腔。诸乐杂沓作，引客来登堂。

　　白人絜妇来，手携花盈筐，鼻端撑眼镜，碧眼深汪汪。裹头波斯胡，贪饮如渴羌。蚩蚩巫来由，肉袒亲牵羊。余皆闽粤人，到此均同乡。嘻嘻妇女笑，入门道胜常。蕃身与汉身，均学时世妆，涂身百花露，影过壁亦香，洗面去丹粉，露足非白霜。当胸黄亚姑，作作腾光芒。沓沓鞔履声，偕来每双双。红男并绿女，个个明月珰。单衫缠白叠，尖履拖红帮。垂垂赤灵符，滟滟琲交珰，一冠攒百宝，论价难为偿。簇新好装束，争来看新郎。

　　头上珊瑚顶，碎片将玉瓖；背后红丝绦，交辫成文章；新制绀绫绖，衣补亦宝装；平头鹅顶靴，学步工趋跄。今行亲迎礼，吉日复辰良。前导青罗伞，后引绛节幢，驾车四骝马，一色紫丝缰，薄纱宫灯样，白昼照路旁，海笛和云锣，八鸾鸣玱玱。帕首立候人，白鹭遥相望，到门爆竹声，群童喜欲狂。两三戴花媪，捧出新嫁娘，举手露约指，如枣真金刚，一环五百万，两环千万强，腰悬同心镜，衬以紫荷囊，盘金作绳带，旋绕九回肠，上下笼统衫，强分名衣裳，平生不著袜，今段破天荒，明珠编成屦，千琲当丝纕。车轮曳踵行，蛮婢相扶将。丹书悬红纸，麒麟与凤凰。一双

195

龙纹烛，华焰光煌煌。第一拜天地，第二礼尊嫜，后复交互拜，于飞燕颉颃。其他学敛衽，事事容仪庄。拍手齐欢呼，相送入洞房。

此时箫鼓声，已闻歌鲦鲨，点心嚼月饼，钉座堆冰糖，啖蔗过蔗尾，剖瓜余瓜囊，流连与波罗，争以果为粮。赤足络绎来，大盘荐膻芗，穿花串鱼鲊，薄纸批牛肪，今日良宴会，使我攒眉尝。食物十八品，强半和椒姜，引手各抟饭，有粳有黄粱。蒲桃百瓶酒，破碎用斗量，呼么复喝六，拇战声琅琅。颇黎小海瓯，举白屡十觞。既醉又饱腹，出看戏舞场，影戏纷牵丝，幻人巧寻橦。蓝衫调鲍老，玉瞳辉文康，踢鞠肩背飞，迅若惊凫翔。白打唱《回波》，引杖相击撞。金吾今驰禁，赌钱亦无妨，初投升官图，意取富贵昌，意钱十数人，相聚捉迷藏，到手十贯索，罔利各筹防，名为叶子戏，均为钱神忙。醉呼解酲酒，渴取冰齿浆，饮酪拣灌顶，烹茶试头纲。吹烟出菸叶，消食分槟榔，旧藏淡巴菰，其味如詹唐。倾壶挑鼻烟，来自大西洋，一灯阿芙蓉，吹气何芬芳。分光然石油，次第辉银釭。入夜有火戏，语客留徜徉。行坐纷聚散，笑谈呼汝卬。中一葆发叟，就我深浅商。指向座上客，脚色能具详。

上头衣白人，渔海业打桨，大风吹南来，布帆幸无恙，初操牛头船，旁岸走近港，今有数十轮，大海恣来往。银多恐飞去，龙圜束万镪，多年甲必丹，早推蛮夷长。左边黑色儿，乃翁久开矿，宝山空手回，失得不足偿。忽然见斗锡，真乃无尽藏，有如穷秀才，得意挂金榜。沈沈积青曾，未知若干丈，百万一紫标，多少聚钱缿。曷鼻土色人，此乃吾乡党。南方宜草木，所种尽沃壤，椰子树千行，丁香花四放，豆蔻与胡椒，岁岁收丰穰，一亩值十钟，往往过所望。担粪纵余臭，马牛用谷量。利市得三倍，何异承天贶。右坐团团面，实具富者相，初来锥也无，此地甫草创。海旁占一席，露处辟榛莽，蜃气嘘楼台，浑次铲叠嶂。黄金准土价，今竟成闾巷，有如千户侯，列地称霸王。善知服食方，百味作供养，闻有小妻三，轮流搔背痒。长颈猕猴面，此物信巨驵。自从缚马足，到处设鱼网，伙颐典衣库，值十不一当。一饮生讼狱，谁敢倾家酿？搜索遍筐箧，推敲到盆盎，自煎婴粟膏，载土从芒砀。鸡泪窃更鹜，颠倒多奇想，龙断兼赝鼎，巧夺等劫掠，积钱千百万，适足供送葬。君看末座客，挥扇气抗爽，此人巧心计，自负如葛亮。千里封鲊羹，绝域通枸酱。积著与均输，洞悉与物状，锦绣离云爵，妙能揣时尚。长袖善新舞，胡卢弃旧样，千帆复万箱，百货来交广，遂与西域贾，逐利争衰旺，即今论家资，问富过中上。

凡我化外人，从来奉正朔，披衣襟在胸，剃发辫垂索，是皆满洲装，何曾变服著。初生设汤饼，及死备棺椁，祀神烛四照，宴宾酒三酌，凡百丧祭礼，高曾传矩矱。风水讲龙砂，卦卜用龟灼，相法学《麻衣》，推命本《硌碌》，礼俗概从同，口述仅大略。千金中人产，咸欲得封爵，今年燕晋饥，捐输颇踊跃。溯从华海来，大抵出闽骆。当我鼻祖初，无异五丁凿，传世五六叶，略如华覆萼。富贵归故乡，比骑扬州鹤，岂不念家山，无奈乡人薄。一闻番客归，探囊直启钥，西邻方责言，东市又相靳，亲戚恣欺凌，鬼神助咀嚼。曾有和兰客，携归百囊槖，眈眈虎视者，伸手不能攫，诬以通番罪，公然论首恶。国初海禁严，立意比驱鳄，借端累无辜，此事实大错。事隔百余年，闻之尚骇愕，谁肯跨海归，走就烹人镬？言者袂掩面，泪点已雨落，满堂杂悲欢，环听咸唯诺。到此气惨伤，笳鼓歇不作，槖槖拍板声，犹如痛呼霪。道咸通商来，虽有分明约，流转四方人，何曾一字著，堂堂天朝语，只以供戏谑。譬彼犹太人，无国足安托？鼯鼠苦无能，槖驼苦无角。同族敢异心，颇奈国势弱。虽则有室家，一家付飘泊。仓颉鸟兽迹，竟似畏海若，一丁亦不识，况复操笔削。若论去庐字，此方实庄岳，能通左行文，千人仅一鹗。此外回回经，等诸古浑噩，不如无目人，引手善扪摸。西人习南音，有谱比合乐，孩童亦能识，识则夸学博。识字亦安用，蕃汉两弃却，愚公传子孙，痴绝谁能药？近来出洋众，更如水赴壑，南洋数十岛，到处便插脚。他人殖民地，日见版图廓，华民三百万，反为丛驱雀。螟蛉不抚子，犬羊且无鞟。比闻欧澳美，日将黄种虐，向来寄生民，注籍今各各，《周官》说保富，番地应设学。谁能招岛民，回来就城郭？群携妻子归，共唱太平乐。

养疴杂诗

　　万山山顶树参天，树杪遥飞百道泉。谁信源头最高处，我方跂脚枕书眠。

　　月黑风高树影沈，鸟噤虫息夜惛惛。柴门似有谁摇撼，晓起纵横虎迹深。

　　树密山重深复深，穿云渡水偶行吟。欲寻归路无牛矢，转向无人迹

处寻。

高高山月一轮秋，夜半椰阴满画楼。分付驯猿攀摘去，渴茶渴酒正枯喉。

钧天一醉梦模糊，喔喔鸡鸣病渐苏。南斗起看翻在北，不知仍是注生无？

老妻日据灶觚听，邻有神符治病灵。佛祖不如天使贵，劝余多诵《可兰经》。

波光淡白月黄昏，何物婆娑石上蹲？欲废平生《无鬼论》，回头却是黑昆仑。

处裩残虱扫除清，绕鬓飞蚊不一鸣。高枕胸中了无事，如何不睡又天明？

桃花红杂柳花飞，水软波柔碧四围。五尺短绳孤棹艇，小儿护曳鳄鱼归。

一溪春水涨鎝鎝，闲曳烟蓑理钓丝。欲觅石头无坐处，却随野鹭立多时。

竹外斜阳半灭明，卷帘敧枕看新晴。雨尘飘漾香烟袅，中有蛛丝屋角横。

单衣白袷帐乌纱，寒暖时时十度差。冬亦非冬夏非夏，案头常供四时花。

颓墙残月竹冥冥，闪闪微灯三两星。绛帕白衣偏袒舞，时闻巷犬吠流萤。

镫红月白可怜宵，羯鼓如雷记里遥。异种名花新合乐，知谁金屋别藏娇。

千形万态树扶疏，欲唤无名口又茹。重译补笺新草木，马留名字蟹行书。

一声长啸海天空，声浪沈沈入海中，又挟余声上天去，天边嘹唳一扫鸿。

荡荡青天一纸铺，团团红日半轮孤。波摇海绿云翻墨，谁写须臾万变图？